CHRISTIAN MONTAIGNAC

l'année du rugby

2000

CALMANN-LÉVY

FRANCE
19-3-2000
IRISH
RMANENT

Abdelatif Benazzi repartit au combat contre les Gallois en pays conquis.

GILBERT

Et Olivier Magne devint ce qu'il était, l'un des tous premiers.

Alliance UniChem
KooGa

L'Italie et Checchinato se mêlèrent à l'air des sommets, le Tournoi des Six Nations pouvait commencer.

Tête forte

Jamais autant de mots et de curiosités n'avaient accueilli un entraîneur du quinze de France. Il est vrai que Bernard Laporte présentait, au propre comme au figuré, un profil lui-même curieux. Certes, la société du rugby, la fameuse famille, le connaissait, et comment ! joueur et capitaine, tête à penser, presque à pousser, d'un champion de France, Bègles, assez remarqué, puis entraîneur et manager, stratège et animateur, d'un des plus surprenants champions de France, le Stade Français-CASG. L'autre, disons la société du spectacle et de l'actualité, se contenterait de découvrir le dessein d'un personnage sorti de Gaillac et qui hésitait entre les emplois d'instituteur, de curé et de docteur, le tout coiffé du doux surnom de Kaiser. Dans un premier temps, avide et amusée, elle en redemanderait, cette société. Une gueule, et une forte, s'avançait, qui, pour une bonne part, s'imposait, puisque nul n'osa discuter cette promotion initiée par un seul homme, le président de la fédération Bernard Lapasset. Notre curiosité serait de savoir comment pareil bonhomme, accepté des deux Pierre opposés, Villepreux et Berbizier, disciple de Jacques Fouroux avoué, flatté par Guy Novès, son rival le plus désigné du haut de ses boucliers, oui, comment un sujet de la sorte traité s'y prendrait pour affronter les orages, s'y mouiller sans être noyé. Bernard Laporte commença fort, par les paroles et par le résultat contre les Gallois, des adversaires qu'il s'était promis, auprès de ses joueurs, de « cabosser » en toute « simplicité ». Les guillemets sont là pour rappeler que ces mots seraient parmi les plus répétés d'entrée. Les regards évolueraient avec lui ; et, au fil des épreuves et des changements, des nuances et des révisions, sinon des reniements, le même homme, tout en disposant des « tas de grâce » offerts à tout débutant, ferait son apprentissage, et l'opinion avec lui. Il avait profité, comme n'importe quel entraîneur à sa place, de la lancée d'une équipe de France préparée comme jamais et destinée à descendre, voire à dévaler, de son sommet contre les Néo-Zélandais. Avec le temps, il se trouvait face à l'obligation de travailler dans l'humilité pour, à son tour, façonner une équipe sur le chemin d'une autre Coupe du monde, celle de 2003. L'apprenti Laporte s'y employa avec beaucoup de détermination, une dose de fatalisme, désireux, par-dessus tout, d'organiser les responsabilités et d'atteindre aux modèles du Sud. C'est tout le rugby français qu'il voulait entraîner dans le champ le plus élaboré du professionnalisme. Certes, il était toujours permis de lui répondre qu'une telle ambition à la lettre pouvait s'accompagner du souci de ne pas pervertir ce qu'il restait de l'esprit, qu'entre Pierre Villepreux et lui on osait encore et toujours espérer une harmonie, c'est l'aventure d'un technicien singulier qui nous était proposée. Beaucoup d'intérêts suivaient, tant Bernard Laporte, exigeant et effervescent, appliqué et obstiné, meneur d'hommes affirmé, nous paraissait aussi en phase avec le grand remue-méninges du rugby français. En phrases aussi telles que sa préface sait en témoigner.

Voilà comment le quinze de France débuta contre les Gallois, au doigt et à la voix.

Au nom du fameux milieu de terrain à renforcer, Thomas Lombard fut appelé.

« Une élite européenne à l'image de leur Super 12 apparaît aujourd'hui indispen-sable. »

L'année 1999 a sacré une équipe de l'Hémisphère Sud championne du Monde. C'était la quatrième Coupe du Monde et aussi ...... la quatrième victoire d'une équipe du SUD. Adulé ou critiqué, le jeu de ces nations se réalise et se crédibilise à travers ces résultats.

L'année 2000 semble être le moment pour l'Hémisphère Nord d'analyser cette suprématie "Sudiste", de restructurer son rugby pour essayer de combler son retard. Une élite Européenne à l'image de leur "Super 12" apparaît aujourd'hui indispensable. La volonté des Français et des Anglais de s'appuyer sur des structures "club", à l'encontre des Ecossais ou des Irlandais, est logique tant ces mêmes clubs ont investi humainement et financièrement.

Thomas Castaignède put, enfin, libérer ses fantastiques ressorts à l'arrière.

Marc Dal Maso prit le relais de Raphaël Ibañez au titre de gros costaud.

« Sans un péché d'orgueil manifeste, l'Angleterre aurait dû réaliser le grand chelem. »

Le premier Tournoi des VI Nations a vu l'Angleterre triompher. Sans un péché d'orgueil manifeste elle aurait dû réaliser le Grand CHELEM.

L'Italie, pour sa première participation, a montré sa fraîcheur, son enthousiasme et a inquiété tous ses adversaires durant au moins une mi-temps, s'offrant même le luxe de battre l'Ecosse (dernier vainqueur du tournoi) lors de son premier match à ROME. Cet exploit restera un des moments forts de toute l'histoire du rugby Italien.

Son dernier match à PARIS contre l'équipe de France a consacré son emblématique demi d'ouverture Diego DOMINGUEZ qui tira ce jour là sa révérence au rugby International.

Ce fut le tour de Christophe Laussucq dans le grand chassé-croisé des demis de mêlée.

Tant de blessures et de forfaits permirent à beaucoup, dont Gérald Merceron, d'être mis à l'essai.

13

GILBERT

« Il faut apprécier les progrès du rugby des Irlandais qui sont vice-champions après avoir remporté la Coupe d'Europe l'année précédente. »

La Coupe d'Europe, à l'instar du Tournoi
des VI Nations, a confirmé la domination
du rugby Anglais dans le "Nord".
Il faut apprécier les progrès du rugby
Irlandais qui sont vice-champions après
avoir remporté la Coupe l'année précédente.
Ces derniers ont restructuré leur élite en
réintégrant la majorité de leurs joueurs
dans leurs provinces et tirent la quintessence
de leurs moyens.
La finale du "Super 12" placée en parallèle
avec celle de la Coupe d'Europe a démontré
la différence d'intensité physique. Cette
dernière est si flagrante que certains disent
que ce sont les mêmes règles mais pas
le même sport. Cette finale, où le défi
physique et le manque d'alternance de jeu
prédominèrent, nous pousse à quelques réflexions.
La dimension athlétique des joueurs, et
notamment des avants, a beaucoup évolué

On reverrait si peu l'allant et le mordant de Stéphane Glas.

Au maigre chapitre des révélations, un disciple de Saint-André, le Montferrandais David Bory.

« Une modification des règles s'impose si l'on veut que ce sport soit spectaculaire, attractif et grand. »

et permet plus de 150 plaquages par équipe mais les dimensions du terrain sont restées identiques. Cela signifie que les rideaux défensifs sont très denses, les espaces de moins en moins larges et nombreux, et qu'à l'image de cette finale l'équipe qui joue le moins gagne. C'est là que le bât blesse et qu'une modification des règles s'impose si l'on veut que ce sport soit spectaculaire, attractif et grand.

LAPORTE Bernard

Franck Tournaire, nouvelle toison, même réputation.

Pour la deuxième fois consécutive, l'Angleterre se tint à sa place dans le Tournoi, la première. Pour la deuxième fois consécutive, elle laissa échapper dans le dernier sprint la gloire d'un nouveau grand chelem. Après les Gallois, ce fut aux Écossais que revint le privilège de la faire échouer. Pourtant, après un premier essai qui lui ressemblait, Laurence Dallaglio avait rugi et beaucoup espéré.

Tournoi

des Six Nations

Revue d'affectif

Avant de retrouver sa sainte routine du Championnat et du Tournoi, son calendrier déchiré entre tous les soucis de la Ligue et de la Fédé, ses Coupes d'Europe toujours sous la menace de perdre l'anglais, la France du rugby vibrait encore de la mémoire d'un jour béni. C'était à se demander si, en un bel élan d'universalité, elle ne devait pas étendre au reste du monde la célébration d'une date. Car le 31 octobre 1999, grâce à une victoire française sur la Nouvelle-Zélande, un sport collectif n'était pas mort. Il aurait pu s'arrêter à la 44e minute d'un match qu'un homme, un seul, avait gagné, comme aucun autre, de Pelé à Jordan, n'y était parvenu auparavant. La tactique d'une équipe néo-zélandaise contrée avait ressemblé furieusement à ce qu'elle était : passer le ballon à Lomu, lui crier « au fond à gauche », le laisser achever l'œuvre. Et l'adversaire. Il l'avait fait une fois contre les Anglais, il le ferait deux fois contre les Français. 24-10, un match plié, un monstre sacré. Et le rugby, sport de la transmission, de l'offrande, serait réduit à sa négation. Or, la suite devait être un immense retournement, un bouleversement qui transporterait l'Ovalie en un pays, l'euphorie, où tout le monde avait raison, ses raisons, une équipe, des hommes, que dis-je, embrasons-nous, une nation. Oui, tout le monde, ceux qui étaient pour ce quinze de France et se comptaient presque autant, ceux qui étaient contre, une légion. Quarante-trois points à trente et un pour le résultat, en réalité, par l'humiliation imposée, beaucoup plus que ça... Jamais le pouvoir d'une victoire inattendue n'avait à ce point rassemblé, puisque chacun, couteaux rangés, flèches retournées, avait au moins un bon motif de s'y retrouver. Voilà comment, en une sorte de « Jour le plus bon », Jean-Claude Skrela devint le plus beau, Pierre Villepreux goûta un répit, tous deux rassemblés dans un même palmarès unique avec deux grands chelems d'affilée, une finale de Coupe du monde, sans oublier, à tant faire, des Coupes latines, vidées des sifflets, pour faire joli. Le jour béni, longtemps après, n'avait pas encore cédé à la nuit. Bernard Lapasset, président d'essence ferrassienne mais plus près du style Quai d'Orsay que des manières du Quercy, y gagna lui-même une courte immunité qui lui permit de nommer à la tête de l'équipe de France une bonne connaissance qu'il avait, en douce, intronisée. Et c'est ainsi que, candidat d'un seul, Laporte devint, de Maso à Novès, l'élu de tous. Il fallait le faire, les Bernard l'ont fait, salut les duettistes. Voilà comment d'un dimanche à l'autre, du 31 octobre 1999 au 21 novembre de la même année, dans un stade différent, Jean-Bouin après Twickenham, le rugby prolongea l'état de grâce pour réussir sa revue d'affectif. « Merci Bernard », pouvait-on lire partout, comme si un rêve marseillais avait atterri à Paris. C'était Laporte, l'ancien entraîneur du Stade Français-CASG, qui était fêté, mais en fait c'était tout le rugby français qui affichait une tête de consensus. Une étrange émotion s'attardait devant tant de sentiments avoués, étalés, chez ceux que le dur professionnalisme avait fait rois. Bernard Laporte fit oublier sa qualité de fils préféré de Jacques Fouroux et de Pierre Berbizier pour annoncer qu'il allait partager partout la bonne parole, comme le bon pain. Et il se fit pèlerin.

Au rayon des surprises, Bernard Laporte installa un Biarrot casqué et concentré, le troisième ligne Serge Betsen.

GILBERT

FRANCE

Bernard Laporte confirma que Fabien Pelous avait la stature et la personnalité d'un capitaine. Une identité se renforçait.

Alliance

ITALIE-ÉCOSSE

Miracle à Rome

Si les trois mousquetaires étaient quatre, pourquoi alors le Tournoi des Cinq Nations de l'an 2000 ne se compterait-il pas à six ? C'était donc reparti avec l'Italie, quitte, au passage, à y perdre un peu beaucoup d'une singulière magie. Mais à la fin des fins, les Italiens n'y étaient pour rien et méritaient bien de profiter à leur tour de ce qui s'était offert aux Français quatre-vingt-dix ans auparavant, un 1er janvier contre des Gallois, un premier match dans le mirifique Tournoi. Ils y étaient invités, pour ne pas dire à l'essai, et si leur passage en Coupe du monde n'avait pas redoré leur réputation, un nouveau paysage, de nouveaux visages méritaient le détour et la curiosité. Car la Coupe du monde les avait laissés par trois fois courbés, défaits, dont une avec trois chiffres à la clé, 101, exactement le nombre de points encaissés contre les Néo-Zélandais. Il n'empêche, l'Italie du rugby, ses 490 clubs et ses 36 000 licenciés, son cœur qui bat sous l'impulsion de trois villes, Padoue, Trévise et Rovigo, ce pays à la ferveur encore hésitante méritait de se joindre aux meilleurs Européens avec l'espoir de les contrarier sinon de les battre pour terminer premier. C'est ainsi que derrière sa principale attraction, son ouvreur réduit (1,71 m, 76 kilos) mais au talent bien affirmé dans ses trente-quatre ans, nous avons nommé Diego Dominguez du Stade Français, son capitaine à la mêlée Alessandro Troncon, tout frais montferrandais parmi lesquels il se distinguait, l'arrière Pini et l'ailier Stoïca tous deux narbonnais, sans oublier non plus Massimo Giovanelli, troisième ligne reconnu par les Français, l'Italie, et son nouvel entraîneur, le Néo-Zélandais Brad Johnstone, étaient disposés à s'offrir une entrée en fanfare contre les Écossais. Sous une splendeur de lumière romaine, sur la pelouse du stade Flaminio, devant une quinzaine de milliers de tifosi et la moitié d'Écossais, ce fut fait. Pourtant, ceux-ci, gais et décidés, étaient les derniers vainqueurs de la sainte épreuve, leur *Flower of Scotland* retentirait plus fort que le *Fratelli d'Italia*, et le talonneur Gordon Bulloch marquerait le premier essai du Tournoi 2000, mais les Italiens, déjà en tête à la mi-temps (12-10), devaient se dire, selon Giovanelli : « On est dans notre stade, le public chante pour nous, on va les prendre. » Pris. Les Écossais le furent, à leur propre jeu plutôt poreux mais aussi à celui enthousiaste d'Italiens propulsés par le pied de leur ouvreur à ressorts. Voilà comment, avec six pénalités, trois drops, une transformation, Diego Dominguez entra dans le Tournoi avec une mise aux points record, la sienne. L'essai de Carli au bout d'une série de regroupements s'ajouta aux 29 points du rayonnant lutin pour que soit inscrite une victoire aussitôt qualifiée d'« historique » par toute la presse : 34-20. Seuls les commencements sont grands, est-il écrit. Vous devinez combien une quinzaine d'Italiens l'étaient avant une troisième mi-temps qui allait changer ses quartiers. Et sur l'instant, on n'eut pas l'impudence d'attribuer ce mérite à de piteux Écossais. Il convenait de ne surtout pas se leurrer face à un pareil résultat, de seulement l'enregistrer comme un début rêvé. Une patience s'imposait. Par ailleurs, les Italiens devaient apprendre à voyager.

Diego Dominguez orchestra l'étonnant début de l'Italie, record au pied à la clé.

On évoqua les débuts de Legi Matiu saisi par le chagrin. Franck Tournaire et les autres furent au soutien.

GALLES-FRANCE

À la gauloise

L'affaire était « simple », le mot clé. Bernard Laporte, lui, qui n'en finissait pas de le prononcer, se voulait très ouvert. Et il l'était. Ouvert à tous, pour tous, afin d'expliquer, d'une même énergie volontariste, sa conception de la simplicité. D'une colonne à l'autre, de *Midi olympique* à *l'Équipe*, un résumé de ses interviews donnait : « Je n'ai ni théorie, ni système de jeu. J'ai des convictions. Le jeu de rugby est fait d'enthousiasme, de plaisir. Il va falloir jouer simple. Quel style de jeu ? Un style simple : on va jouer au rugby, c'est tout. Les équipes du Sud nous battent neuf fois sur dix parce qu'elles savent conserver le ballon pour mieux proposer des solutions de jeu. Nous avons quatre ans pour être compétitifs, pour arriver en Coupe du monde avec la certitude que nous avons une chance sur deux de l'emporter et non plus une chance sur dix. Et ça, ce n'est pas Bernard Laporte tout seul qui va y arriver. » Le message était facile à décoder. Bernard Laporte, amoureux fou de rugby, ne voulait en rien minimiser le travail qui avait été fait avant, mais seulement se montrer tel qu'il était, avec un évident sens de la parole et des idées à marteler, de l'autorité. Partout, dans toutes les voix, sous toutes les plumes, ou presque, il était question de pragmatisme. Sous entendu : écoutez, lisez la différence. Le jeu tel que l'avaient prôné Jean-Claude Skrela et Pierre Villepreux, symbolisé surtout par le second, était suffisamment apparu comme trop ambitieux, trop compliqué pour que l'ensemble du rugby français, à mots plus ou moins discrets, ne s'en montre pas soulagé. Des joueurs, cependant, se livreraient çà et là pour dire que la vie et le jeu étaient plus simples désormais. Par exemple, Émile N'Tamack, dans le *Figaro* : « Nous travaillons deux ou trois combinaisons, pas plus. Elles sont simples et facilement assimilables pour ne pas se perdre. » Et, à propos de Bernard Laporte : « Il me rappelle l'époque Berbizier. Comme lui, il supervise tout. » Bref, l'Émile, dont on avait voulu enrichir les possibilités, se sentait plus léger, comme libéré. Le lecteur tout de fidélité, et qui pourra se reporter aux éditions précédentes, comprendra que nous ne partagions pas tant de sentiments ambiants, que notre soutien aux conceptions des précédents restait intact sur la voie (l'utopie ?) d'un rugby épanoui, que l'intelligence collective nous paraissait toujours un magnifique pari, mais l'heure était aux civilités, aux vœux de réussite, au souci de bonté. Et Bernard Laporte vibrait d'un enthousiasme respectable dans ce rugby professionnel auquel on pouvait l'identifier. Il convenait d'y ajouter, et comment, la présence à son côté de Jo Maso, toujours manager mais dans une position plus discrète, présence qui le confortait, confiance et loyauté assurées. L'un des plus beaux stylistes de ce jeu n'avait pas renié son idéal mais il était résolu à aider sans ambiguïté le nouveau patron de l'équipe de France, à servir ses intérêts. Et nul brouillage n'était à redouter sur la ligne entre les deux. Par ailleurs, Bernard Laporte n'était pas pressé pour désigner un adjoint. Son idée, là aussi, était très précise, et inédite : « J'entends mettre en place après le Tournoi un staff technique avec des spécialistes et des compétences dans chaque domaine. » En attendant l'échéance fixée, il fallait revenir chez des Gallois

Il y eut comme un début de bal. L'Ovalie s'y associa et s'emballa.

15
11

Sur sa lancée
d'une Coupe
du monde
réussie,
Christophe
Dominici
se donna
de nouvelles
ailes
et préserva
de belles
attitudes.

frustrés. L'équipe de France annoncée le dimanche 23 janvier sur France Télévision, qui succédait à une liste de trente-cinq noms diffusée par le même canal deux semaines plus tôt, ne serait plus que l'écho d'un bruit depuis longtemps orchestré. Le successeur de Jean-Claude Skrela avait rappelé treize des vingt-deux finalistes de la Coupe du monde 1999. Ce sont les arrières qui avaient entraîné le plus d'embarras, avec la disparition de Philippe Bernat-Salles, soumis à la concurrence de Christophe Dominici et Émile N'Tamack, « deux phénomènes pour ce poste d'ailier », et le retour de Thomas Lombard et de David Venditti au nom d'options très physiques pour « prendre le centre de terrain ». Ces deux derniers s'ajoutaient à trois autres revenants, Christophe Laussucq, Serge Betsen et surtout Alain Penaud, dont le mordant avait été remarqué à l'ouverture du Stade Toulousain. La nouveauté avait pour nom et pour stature (1,94 m, 117 kilos) ceux de Legi Matiu, le colosse de Biarritz né à Auckland et originaire des Samoa. Quant à Abdelatif Benazzi, il serait aligné au poste de flanker côté fermé à la place de Marc Lièvremont, parti à la retraite. Le retour de Marc Dal Maso au talonnage était lui-même écrit pour tant de réticences sourdes accumulées sur le dos de Raphaël Ibañez, jugé par ailleurs pas assez puissant et pesant. Voilà qui libérait le rôle de capitaine au bénéfice de Fabien Pelous, dont les mérites et les capacités, les attitudes aussi, en dehors d'un ou deux égarements, pouvaient rassurer. Au total, Bernard Laporte avait bâti une équipe selon les conceptions et les canons souvent chantés, et beaucoup partagés dans le milieu, soit du gros et du lourd, du dolmen, du vrai, du tatoué, avec des chiffres à la clé : 900 kilos grosso modo pour la mêlée et près de 200 kilos au centre. « Je veux un pack fort, capable de prendre le pas sur l'adversaire et de conduire les débats en mêlée », avait martelé le coach derrière la priorité des priorités : « une défense de fer ». Dans le Millenium Stadium qui s'ouvrait de tous ses sons au Tournoi, la première impression fut étrange puisque, dès la 7e minute, Jenkins échappa à Lombard et réveilla le cauchemar français, celui de la débâcle en défense un an auparavant, sans pouvoir décrocher l'essai. Mis à part une autre alerte, le programme de Laporte serait appliqué au pied de la lettre, au plus près de l'esprit. Tant de défis frontaux des Gallois provoqueraient une orgie de plaquages où les Français se donneraient avec une évidente volupté. Ils y ajouteraient une maîtrise par le pied rassurant de Christophe Lamaison qui ponctuerait d'un drop aux 40 mètres une bonne occupation du terrain. Deux autres buts du même maintiendraient les Français devant (9-3) au bout d'une mi-temps de chair et d'os compressés où les flammes galloises avaient été étouffées, mais aussi une bonne partie du jeu. L'impression de solidité du quinze de France face à des Gallois de bonne rudesse mais de peu de jugeote s'amplifia dans le même temps où les cravates rouges volaient haut par deux fois. Sur la première, offerte à Lamaison, Quinnell vit jaune, la couleur du carton qui le fit sortir dix minutes. Sur la deuxième, Charvis, qui avait décoré Castaignède, n'eut pas la même vision mais, cette fois, les Français en profitèrent avec les 3 points de Lamaison. La fameuse heure de jeu, nouveau carrefour où la puissance et le savoir-faire de l'un réduisent la résistance de l'autre, provoque la défaillance, cette heure-là devait laisser les Gallois sonnés. À la 56e minute, Castaignède profita du rideau rouge déchiré et, longtemps, aux limites de la bévue, tint l'objet avant de l'offrir au grand Magne qui commençait à caracoler. Essai. Deux minutes plus tard, c'est Lombard qui força le rideau et c'est Castaignède qui, cette fois, en profita. Essai et deuxième transformation en supplément. À 26-3 pour l'équipe la mieux pourvue, la plus organisée, un match et son histoire étaient pliés. Les derniers soubresauts gallois, autant de réflexes de survie auxquels un rugby était réduit, furent des occasions de trouées, d'échappées pour les Français. Et d'interceptions comme celles dont N'Tamack sut profiter pour arrêter la marque à 36-3. Voilà comment cette équipe de France de bon cœur, de bon pied (21 points de Lamaison) fut saluée tandis que sur toutes les colonnes fleurissait l'éloge de la simplicité.

À chaque accélération, Olivier Magne passa le rouge.

Scott Quinnell, cheveux jaunes et carton de même, fit un match ton sur ton. Le goût du rugby prenait une autre couleur.

18

Le goût d'une liberté

Le joueur le mieux éclairé par les engouements de l'époque, tour à tour le plus choyé et le plus asticoté, revenait sur les lieux de sa plus grosse difficulté. Beaucoup faisaient allusion à cette finale de la Coupe du monde qu'il avait suivie habillé dans un coin des travées. En réalité, nous songions plutôt à ce match, à ce pensum, contre les Gallois au Millenium, où l'équipe de France, dans sa convalescence après le traumatisme subi à Wellington, au cœur de sa préparation, s'était fourvoyée. À l'ouverture se tenait le même faux blondinet qui, un an auparavant à Wembley, avait ébloui les Britanniques par sa vivacité et humilié les Gallois en passant pour la plus lourde défaite (51-0) de leur histoire dans le Tournoi. Thomas Castaignède était celui-là, beau joueur surfait et défait, passant, à ses yeux, à son cœur, du statut de « petit Boni » à la statue du petit banni. Vite écrit, soit, mais reportez-vous aux chapitres précédents pour apprécier, qui sait, combien cette bonne vieille *Année du rugby* n'avait jamais cédé aux tentations de la « thomania ». Et pourtant, celui qui persiste et signe pouvait s'y permettre bien des indulgences au nom d'une nostalgie qui remontait au temps sacré où il arrivait à Castaignède, le père, de succéder à l'ouverture du Stade Montois à Boni, André, le vrai. Il n'empêche, on pouvait regretter que ce sujet, si bien disposé par les jambes et sa capacité à exploser, ne soit pas encore parvenu à donner le meilleur de lui-même, de préférence à l'arrière, là où une distance, une facilité s'offraient à ses grandes possibilités. La Coupe du monde, enfin, provoquerait ce moment où le jeune homme se donnerait de l'air, et même des ailes. Il y eut ce match de préparation contre Brive où Castaignède vola. Et la promesse répétée que le poste d'arrière lui était destiné. Jusqu'à cette déchirure qui survint comme une fatalité très annoncée. Le corps de Thomas Castaignède rendu à bout devait donner une réponse. L'espérance était différée, l'épanouissement dont l'équipe de Jean-Claude Skrela et Pierre Villepreux serait privée finirait par profiter à l'ère Laporte, au rugby français. Le nouvel entraîneur sut manifester un juste opportunisme en fixant aussitôt l'emploi du Castrais avec une petite phrase bien sentie à la clé : « On ne va pas lui donner des jokers toute sa vie. » Laporte pouvait se permettre de tenir auprès de Castaignède le même langage qu'il avait réservé à Califano, l'autre sujet français tenté par les trompettes du Super 12 : « Tu es le meilleur, prouve-le… » Thomas Castaignède y trouva une liberté méritée. Pour ce grand finisseur, une aventure pleine de séductions pouvait alors commencer. Cinq mois après avoir gâché sous la pression ses trois premiers ballons contre ces mêmes Gallois, trois ballons d'ouvreur balancés n'importe où dans les airs, l'arrière, d'entrée de jeu, d'un même pied, mais cette fois donné dans le meilleur tempo, le meilleur élan, surprit l'opposant et se retrouva dans son dos pour permettre à ce quinze de France de jouer un des rares coups de désordre. Embrasons-nous, une équipe et un jeune homme avaient retrouvé de l'étincelle. Le rugby français et un enfant montois pouvaient se répéter que, nouveau rugby ou pas, rien n'était à désespérer, la surprise et ses effets pouvaient encore jouer.

Après l'essai, en un geste déjà repéré par les footballeurs, Thomas l'espiègle remercie l'auteur de la dernière passe.

7

Christophe Dominici fut bien placé pour apprécier combien les Anglais avaient de bonnes raisons de serrer de près les Français.

À genoux, à bout

« Ils ont ouvert la porte d'un avenir doré » (*le Parisien*) ; « L'ère Laporte s'ouvre grand » (*le Figaro*) ; « Les idées simples du quinze de France triomphent au Pays de Galles » (*le Monde*) ; « Un nouvel élan trois mois après la Coupe du monde » (*le Journal du dimanche*) ; « Une victoire à l'australienne » (*Midi olympique*) ; « L'éloge de la simplicité » (*l'Équipe*). C'était l'euphorie mais aussi, sous-jacent, l'aveu de la manière avec laquelle la presse et, au-delà, la famille d'Ovalie vivaient l'après-Skrela-Villepreux, ce duo d'entraîneurs probablement trop ambitieux, pas assez simple lui-même, un peu différent et, à la fin des fins, en particulier pour le deuxième cité, dérangeant. Faute d'avoir pu exprimer, après la retentissante réussite contre les Néo-Zélandais, tout ce qui nourrissait la réticence puis le rejet, les voix et les plumes se rattrapaient dans l'hommage dressé pour le nouveau guide du rugby français. Seule Blandine Hennion, dans *Libération,* fidèle aux deux hommes et à leurs conceptions, écrivait : « Discret, Jo Maso, le manager, oubliée la paire Skrela-Villepreux, le jeune entraîneur Bernard Laporte recevait seul les lauriers. » Or, dans le même journal, et c'était judicieux, Serge Simon gardait sa chronique commencée pendant la Coupe du monde où il n'avait pas, comme le pack soudé de la profession, ménagé la paire en question en de grosses charges ironiques. Cette fois, le pilier persifleur pouvait se lâcher en soutien de son ancien compagnon béglais, auprès duquel il avait fait la tortue et gagné un bouclier : « En face, aujourd'hui, t'as ces fous de Français qui ont décidé de faire dans le simple et l'efficace. Ça sent bon le collectif, la solidarité, la cohésion, ça joue bien. On se prend à rêver en se disant que, pris comme ça, les Français sont imprenables. Mais comme disait M. le capitaine Pelous dans les vestiaires : "Faut pas s'envoler." » Si, pourtant, l'immense majorité qui espérait, maîtres mots, le pragmatisme et la simplicité ne rêvait pas mais savourait. Vous aurez compris que nous venions de retrouver, sur un plan tout personnel, les délices de la minorité, le repli amusé dans le dernier carré. La nouvelle simplicité française allait pouvoir s'extérioriser contre l'anglaise, plus viscérale, quasi ancestrale. Encore que... De l'autre côté de Calais, les Anglais ne vivaient pas simplement l'après-Coupe du monde, cette épreuve où ils avaient tiré un tableau à l'opposé des Français. Là-bas, la presse ne s'était pas contentée de la considération prêtée à cette équipe que l'on voyait, en général, et en dépit de l'exploit des Français contre les Néo-Zélandais, comme « la meilleure du Nord ». Elle en voulait à ce cher Clive Woodward, lui aussi à contre-courant, puisqu'il prônait un rugby tout jeu tout flamme, moins sécurisant que beaucoup l'espéraient. Mais l'ancien centre épris de fluidité n'avait pas démissionné et il avait passé, dans la tribune de Twickenham, un après-midi de qualité en assistant à la mise en jambes de son équipe contre les Irlandais (50-18). À l'issue du match, il devait confier à l'assistance : « Il suffit de rester confiant dans ce que vous faites et de ne pas vous soucier de ce que l'on dit de vous. » La recette était bonne et serait mise à l'épreuve quinze jours après contre les Français, cette « grosse équipe » à laquelle Woodward et les siens désiraient tant se frotter. Matt Dawson, le capitaine et demi de mêlée anglais, aimait à répéter que ce match serait « énorme ». Pour Bernard

Dès la Coupe du monde, et peut-être en songeant au défi lancé aux Français, Richard Cockerill avait répondu à la fondamentale question : en avoir ou pas.

RUGBY
1999
2

Fabien Pelous ne manquait pas de soutien mais l'exercice, en force ou dans les airs, serait vain.

19

À l'ouverture, Johnny Wilkinson afficherait son autorité, surtout au pied.

Laporte, la grande affaire était entendue, attendue, celle où son équipe, dès le deuxième rendez-vous, était conviée au sommet européen. Il savait que cette même affaire de nerfs et de cœurs ne s'alignerait pas sur celle proposée par les Gallois, un adversaire « cabossé, usé » après une mi-temps. Il savait encore que, face aux Anglais, des suppléments de corps, d'âmes et même de jugeote seraient exigés. D'où sa volonté, entre autres, d'impliquer quatre joueurs auxquels il prêtait une importance particulière, Olivier Magne, Fabien Pelous, Fabien Galthié et Christophe Lamaison, l'axe 7-8-9-10. C'est ainsi qu'il fit parvenir à ce quatuor la cassette d'Angleterre-Irlande afin de pouvoir mettre au point un dispositif : « Il est nécessaire que les joueurs s'impliquent. Il faut que tous soient convaincus à cent pour cent de la tactique à employer. » Les joueurs, débat vermoulu, n'étaient pas plus importants que la méthode ou inversement ; il s'agissait de se durcir le plus possible dans les têtes, de s'organiser collectivement, non seulement pour résister mais encore pour surprendre. La conservation du ballon était, bien sûr, souhaitée, mais c'est celle des joueurs qui serait remise en question, à commencer par le cas de Christophe Lamaison. L'équipe de France, toutes tendances confondues, simplicité ou idéalisme revendiqués, tenait là un ouvreur qui la stabilisait, dans le même temps où se tenait à l'arrière son accélérateur préféré. Le pied et la lucidité de Lamaison à ce poste, s'ils n'étaient pas toujours reconnus du côté de Brive, permettaient aux jambes et à la vivacité de Castaignède de s'exprimer dans les espaces ouverts à l'arrière. Cette double disposition serait une première fois mise à mal par le forfait du premier, touché au genou. Cependant, l'assurance de voir Alain Penaud profiter de la situation devenait excitante. Penaud, c'était une autre position, des entreprises plus incisives dans la ligne et le plaisir de revoir au plus haut celui dont les relations avec le quinze de France relevait du jeu de Yo-Yo. Mais le nouveau Toulousain, blessé aux adducteurs, dut renoncer et les ennuis des deux ouvreurs ouvrirent le bureau des douleurs. Bernard Laporte voulut relativiser tout en insistant : « Il va falloir rivaliser physiquement. » Une profession de foi n'y suffirait pas. Car aux premiers ballons gagnés, sitôt lâchés au large, l'équipe de Woodward confirmerait une fraîcheur dans les hommes et les idées, celle des premiers étant représentée par le trio Healey-Tendall-Cohen, auquel Catt, en progrès après quarante sélections, offrait une complémentarité, sans oublier l'arrière Matt Perry, supérieur à ses prédécesseurs. Voilà comment, Philippe Guillard, nouveau chroniqueur au *Monde*, ajouta sa pincée d'un talent singulier pour écrire : « Les Français se voyaient brusquement confier le ministère de la Défense, alors qu'ils espéraient la présidence. » Pendant cette première mi-temps, la pression et l'impression laissées par l'équipe de Clive Woodward seraient intenses. Toutefois, comme souvent, l'exception serait française, par la seule audace de Dominici, toujours grand dans le trou de souris. Il tromperait trois Anglais avant de servir d'une main Thomas Lombard pour l'essai. Mais l'arbitre australien Stuart Dickinson ne suivit pas son compère de la touche et refusa de le valider pour un en-avant prouvé par la lettre des experts mais dont l'esprit nous parut pour le moins sévère. Il n'empêche, Johnny Wilkinson, qui respirait dans ce genre d'affrontement tandis que Thomas Castaignède y étouffait, avait commencé son œuvre au pied qui le conduirait à cinq pénalités réussies pour cinq tentées, soit deux de plus que Richard Dourthe. Ce duel entre les deux donnerait le score à l'arrivée (15-9). Le paradoxe voudrait que les Français passeraient par trois fois la ligne adverse sans en tirer profit. La dernière, à quelques secondes de la fin, serait symbolique d'une puissance et d'une impuissance mêlées puisque les Français, à quinze contre treize, ne parviendraient pas à exploiter une pénalité pour former un maul qui s'écraserait dans l'en-but et échouerait sur un maillot blanc couché. La montagne annoncée avait accouché de beaucoup de grimaces jusqu'aux sourires de la libération anglaise pour un premier succès mérité au Stade de France.

L'Émile serait cerné, N'Tamack étoufferait.

Créatine et création

Fabien Galthié et le rugby français avaient perdu respiration et inspiration.

Les explications autour de l'échec français furent nombreuses à fleurir. Il ne restait plus qu'à les cueillir. Christophe Dominici, tout de séduction au fil des ondes, paroles sentimentales et malice au coin de l'œil et du sourire, avait évoqué les premières fatigues pour les finalistes de la Coupe du monde avec le souci de conclure : « Quand on joue le Tournoi, on se sent bien. » Quatre-vingts minutes plus tard, sa même malice ne lui fit pas avouer qu'il se sentait beaucoup moins bien, mais il était permis d'interpréter sa philosophie : « Nous avons été épuisés du début jusqu'à la fin. Nous avons été incapables de concrétiser lorsque nous sommes allés dans leur camp. Ils nous ont pris au défi physique. Il aurait fallu de la lucidité pour changer. C'était plus facile d'aller tout droit. » Il y avait là de l'ironie involontaire puisque le joueur parisien serait le seul de son équipe à contourner les muscles anglais pour un essai envolé. Et Fabien Pelous, aussi fatigué que frustré, d'ajouter : « On était essoufflés, on a perdu de la lucidité, on s'est précipités et on a tombé des ballons. C'est un engrenage, plus on tombe, plus on en rend, plus on doit défendre, plus on se fatigue. » Tous les arguments élevés à la gloire de cette équipe contre les Gallois s'étaient effacés, jusqu'au symbole de la force de Legi Matiu retiré à la mi-temps pour défaut très apparent dans le moteur. On avait même aperçu son partenaire de Biarritz, Serge Betsen, sitôt entré sitôt puni pour indiscipline. Toutes les vertus de rigueur, de discipline et de simplicité seraient à revoir après le passage des experts anglais. Il convenait de trouver autre chose et l'on pouvait prévoir que le dossier du mal français serait sorti sur l'air de « C'était pas mieux avant, vive le changement ». Bernard Laporte y trouva une nouvelle expression. « Cela fait quatre ans qu'on n'avance pas, il faut aller vite désormais », avec une menace à la clé : « Nous sommes battus sur l'intensité physique, à nous de rattraper ce retard. Si rien ne change, je n'irai pas jusqu'à la prochaine Coupe du monde. » Le débat, déclenché par Pierre Berbizier, relayé par Jean-Claude Skrela, était relancé par un entraîneur aussi résolu. Toutefois, c'était autour d'un autre thème, pas inédit mais bien dit, que le forum du rugby français s'embraserait. L'ancien ouvreur de l'équipe de France, le nouveau compère de Pierre Salviac après le départ de Pierre Albaladejo, l'allumerait sur le plateau de « Stade 2 » en une sortie qui était plus fondée que celle réservée à l'arbitrage dès la fin du match. Car Thierry Lacroix témoignait également en sa qualité de joueur des Saracens dans le championnat anglais : « Les joueurs anglais utilisent la créatine, ceux du Sud également, on le sait. » Il n'hésitait pas à voir dans ce « complément nutritionnel » la raison de la victoire du quinze à la rose. Bernard Laporte y ajouta comme un doute : « Attention, ce n'est pas la créatine qui fait gagner les matches. Mais si on me démontre que ce n'est pas un produit dangereux pour l'organisme, je dis pourquoi pas ? » Pour autant, il nous semblait que le débat eût mérité de s'attacher à la création plutôt qu'à la créatine. Mais c'était là un gros péché de naïveté, l'aveu de faiblesse d'un amoureux du passé dépassé.

L'orange écossais pressait mais Fabien Pelous et les Français garderaient la tête.

THE
FAMOUS
GROUSE

Courte peur, grosse torpeur

Le débat faisait rage et le progrès essayait de suivre. Un débat qui n'agitait pas seulement les ondes, ne déplaçait pas que les colonnes, un débat qui résonnait jusque sous les ors du Sénat. « Quel rugby pour la France ? » La question était simple, mais les réponses compliquées. Elles retentiraient dans les salons feutrés du palais du Luxembourg. Et c'est le meilleur relanceur de l'histoire, l'imprévisible et déroutant Serge Blanco, qui se distinguerait dans l'exercice. En pantalon long et en cravate, l'incomparable Serge était devenu président de la Ligue (850 contrats professionnels) et essayait de jouer le jeu de la proposition, de la contradiction, avec l'autre président, Bernard Lapasset, fort de ses 246 775 licenciés. Extrait : « Est-on capable ou non au niveau international de défendre le rugby français ? Les finalistes de la Coupe du monde doivent avoir assez de muscles pour partir à la conquête de l'Europe et de l'hémisphère Sud. »
Et le même de proposer une nouvelle compétition avec d'autres nations, du Nord et du Sud, des équipes dites «franchisées», dont les joueurs seraient mis à la disposition de l'entraîneur de l'équipe nationale. Et Bernard Lapasset de repousser l'ensemble en promettant que tout serait examiné au cours de la prochaine session de l'International Board pour ajouter : « Mais nous ne pouvons espérer aucune modification dans les trois années à venir, à cause des contrats passés avec les chaînes de télévision par les différents pays. » Bref, la situation n'était pas désespérée, mais il faudrait le temps de la débloquer. Créatine... Calendrier... le troisième C interviendrait avec un nouvel épisode enrichi, celui des « Cassés ».
Après l'échec contre l'Angleterre, Bernard Laporte avait dit sa volonté d'insuffler du « sang neuf » pour le match contre l'Écosse, tout en songeant à préparer les retrouvailles contre les Néo-Zélandais et les Australiens de passage en France à l'automne 2000. C'était sans compter avec l'infirmerie qui s'ouvrait à plusieurs joueurs pour devenir la salle des patients du quinze de France. En tête de liste, on trouvait Christophe Lamaison (genou), Abdelatif Benazzi (mollet), Fabien Galthié (adducteurs), Stéphane Glas (cheville), Alain Penaud (adducteurs) et Richard Dourthe (perte de connaissance).
L'entraîneur invitait à « ne pas pleurer sur [leur] sort » dans le même temps où il réduisait les doses à l'entraînement. On songeait alors au régime imposé à un autre débutant à ce poste, Jean-Claude Skrela, qui avait dû composer avec plusieurs forfaits (Saint-André, N'Tamack, Roumat, Merle, Brouzet et, des habitués, Castaignède, Penaud) avant de former l'équipe de France pour le premier test contre l'Afrique du Sud en novembre 1996, pour lancer des débutants comme Mazas à l'ouverture et Bouic au centre.
On évoquait alors les balbutiements du professionnalisme, mais le procès d'un rugby à tout casser n'était pas encore fait. Quatre ans après, il en allait autrement dans les idées et les commentaires, par exemple, celui de Thomas Lombard dans *le Monde* le jour d'Écosse-France : « J'ai passé trois saisons au Stade Français avec Bernard Laporte. Je sais ce qu'il veut. Je connais ses théories sur le centre, cela me facilite grandement les choses. Sur les premiers temps de jeu, c'est pénétration au niveau des centres, c'est clair. Ensuite, les modèles changent. » Et d'ajouter combien il avait terminé « très, très fatigué » son match contre les Anglais, où « il y aurait

La valse des titularisations permettrait le retour d'un bouillant Thomas Lièvremont.

Le maillot des Écossais avait beaucoup perdu de sa beauté, une âme aussi était en difficulté.

COTTON OXFORD
COTTON OXFORD

peut-être eu d'autres choses à faire ». De leur côté, les Écossais comptaient aussi beaucoup d'absents, non pour raisons de surmenage mais pour avoir été trop menés, et même malmenés (défaite 22-44) contre les Irlandais. Pour Ian McGeechan, l'entraîneur des vainqueurs du dernier Tournoi des Cinq Nations, l'urgence serait d'effectuer huit changements. Voilà comment, pour la première fois de leur histoire, les Écossais présentèrent une équipe avec cinq envoyés spéciaux du pays de l'Ovalie, cinq joueurs évoluant dans le championnat de France : le centre James McLaren, de Bourgoin, le numéro huit Stuart Reid, de Narbonne, l'ouvreur Greg Townsend, le pilier Tom Smith et le talonneur Steve Brotherstone, de Brive. Dans le stade de Murrayfield, habitué aux ambiances discrètes depuis quelques débats sans éclat, ce fut une partie assez terne où la torpeur prit le relais de la ferveur. Ils étaient 70 000 à leur place habituelle pour le Tournoi mais le cœur battait faiblement et n'y était presque pas. Les Écossais se montreraient peu à leur avantage dans leur nouvelle tenue orangée qui évoquait le couchant. Ce même public qui avait boudé la Coupe du monde ne serait pas réveillé cette fois par des cris enregistrés, le Tournoi ne lui paraissait plus ce qu'il était. L'équipe de France, elle, sans être étourdissante, avait trompé le faible opposant par le talent de quelques-uns, le savoir-faire d'autres. Trois essais seraient marqués par les Français sans l'ombre d'un gros doute sur l'issue d'une partie où il s'agissait, aussi, de retourner un souvenir, sinon de l'effacer. Car un an auparavant, le quinze de France, déjà très exposé à l'absentéisme forcé, avait laissé le passage à des Écossais pour bien des galops et cinq essais (22-36). Cette fois, de Castaignède à Califano, la cisaille et la tronçonneuse marcheraient en bon ordre et l'un des deux débutants s'y joindrait avec volupté. Car ils étaient deux, entre autres, à découvrir l'équipe de France et le Tournoi, deux de Bourgoin-Jallieu, dont l'un était lui-même une découverte. Sébastien Chabal, vingt-deux ans, était celui-là, inconnu au bataillon et au championnat après quelques matches seulement, mais dont beaucoup, Bernard Laporte en premier, avaient repéré le gros tempérament. Chabal jouerait une cinquantaine de minutes avant de rejoindre la lune. Il est vrai qu'au passage il avait décroché John Leslie, après un placage à retardement dont il devait veiller à ne pas faire une spécialité, lui qui en avait déjà offert un à Christophe Deylaud longtemps laissé au tapis. Chabal, sonné, sortit du terrain à l'instant où son camarade Jean Daudé n'y reviendrait plus. Car l'autre Berjallien, sorte de Jean Condom des mêlées, avait reçu un carton jaune pour s'être chargé de Townsend qui passait par là sans ballon. Deux débutants complétaient le tableau et formaient une paire de demis inédite. À la mêlée, Christophe Laussucq, du Stade Français, s'était distingué dès le premier essai (11ᵉ) de Castaignède sur un côté fermé bien relayé par Califano et Dominici. À l'ouverture, Gérald Merceron, de Montferrand, avait apporté une assurance au pied dans ses déplacements ainsi que dans ses réussites sur trois pénalités et deux transformations. Mais le fait principal du match côté français s'est tenu dans le sort infligé à Émile N'Tamack, expulsé pour dix minutes avant la mi-temps pour avoir gêné la sortie du ballon, une faute d'antijeu qui parut peu évidente au premier regard. La sortie de Daudé obligea les Français à jouer à treize non plus dans l'esprit mais dans la réalité. Et les Écossais en profitèrent pour forcer l'essai par Nicol entre les poteaux. Mais les mêmes durent supporter la réaction d'un N'Tamack vexé. Les deux équipes étaient à 13-13 et l'Émile piaffait avant de retrouver quelques-unes de ses attitudes les plus généreuses. À la suite d'un coup de pied rasant de Laussucq, il plaça une accélération au rebond et servit Olivier Magne pour le deuxième essai français (68ᵉ). Cinq minutes après, le même duo s'emparait de l'affaire avec un N'Tamack dans son emploi de puissant somnambule et Magne, cette splendeur de troisième ligne, pour profiter du cadeau. On croyait, rideau baissé, partie pliée (16-28), en avoir fini avec la vision d'un match et son souvenir. Il fallut y revenir pour une courte algarade entre deux centurions dont l'un était casqué.

Même Gregor Townsend y perdrait de son originalité.

SCOTLAND
COTTON
OXFORD

Il ne fallait pas vexer l'Émile : il reviendrait sur le terrain à son meilleur, fier et félin.

Le démon de l'Olivier

L'Équipe de France sans lui, on l'avait vu un an auparavant dans un Tournoi raté, s'abaissait et se réduisait. Avec lui, on venait tout juste de le déguster contre les Écossais, il pouvait lui arriver çà et là de changer de classe, de profiter de la sienne qui passait, qui plaquait et qui perçait. Dès sa première sortie en pareille compagnie, par l'immense qualité de sa gestuelle, on savait que cet Olivier, dans sa spécialité, serait une montagne. En une Coupe du monde et un Tournoi des Six Nations dans la foulée, il l'était devenu. Comme une synthèse entre Laurent Cabannes et Michael Jones avec quelque chose en plus, souple et délié, une étourdissante faculté à s'adapter, la fameuse intelligence prônée par Pierre Villepreux mise en situation. Après, selon la tradition, il suffisait de prendre un Français et de le hisser au statut de « meilleur du monde ». Allons, Olivier Magne était seulement un splendide joueur de rugby qui s'ennuyait dans son pays. Car, dès sa sortie d'un terrain de Murrayfield qu'il avait survolé, doux et douché, nœud papillon bien posé, le même installa face à la presse son bureau des douleurs, des langueurs, sur le thème : « C'est pas du jeu, dans le championnat de France, je me fais suer ». Extraits : « Dites-moi, par exemple, qui était intéressé par un Montferrand-Mont-de-Marsan à part quelques mordus auvergnats ? On s'emmerde dans ce genre de match où l'on n'apprend rien de bon. Cela épuise forcément les internationaux. J'ai l'impression qu'on laisse notre santé sur le terrain. Visiblement la priorité des clubs n'est pas celle de l'équipe de France. Alors disputons comme dans l'hémisphère Sud une compétition où personne ne monte ni ne descend. Jouer le Super 12, c'est un truc qui me trotte dans la tête depuis un moment. Avant la fin de ma carrière, si j'ai une opportunité, je fonce. » Cependant, la moue d'ennui d'Olivier Magne était alourdie par une bonne grosse tracasserie, qui faisait suite à ce que le rugby, dans sa manière de se jouer des mots, d'en faire un usage privé, appelait une « chamaillerie ». Olivier Magne s'était déjà illustré par quelques espiègleries, en particulier contre les Néo-Zélandais, mais cette fois la caméra s'était attardée sur lui non plus pour le célébrer mais pour le désigner à la sévérité britannique, qui ne faiblit jamais lorsqu'elle doit s'exercer aux dépens d'un joueur français. À la 9e minute du match, il était tombé sans hésiter dans le panneau d'une provocation tendue par un Narbonnais d'Écosse, le troisième ligne centre Stuart Reid. Celui-ci lui avait arraché le casque, et la réponse était venue sur un coup de tête un peu court mais bien cadré par la caméra. Et la séquence avait fait son effet spécial. Voilà comment, cinq jours après ce frottement très viril, dont l'Écossais, aussi malin que magnanime, plaisantait volontiers, toute affaire cessante, Olivier Magne dut repartir pour Dublin et profiter là-bas de la citation de trop, non plus dans les journaux mais devant la commission de discipline de l'International Board, composée d'un Irlandais, d'un Gallois et d'un Anglais. L'impassible trio suspendit le joueur français de toute compétition pendant vingt et un jours pour « manquement à la règle 26 des règles du jeu ». Voilà pour la lettre, l'esprit, lui, était bafoué dès lors que le grand Reid n'était pas épinglé. « Je suis écœuré », soupira Olivier Magne, qui n'eut qu'un songe sudiste pour s'évader.

Sous le casque, un Olivier Magne au sommet.

GILBERT
GILBERT

O'Driscoll marqua par trois fois, un esprit Brian resplendirait.

IRISH

Une verdeur triomphante

C'était boulevard Saint-Marcel, un jeudi matin, à trois pas du boulevard de l'Hôpital, ces mêmes pas qu'essayait de faire un homme grand et large habillé de bleu. Il était taillé comme un menhir, avait le cheveu aussi ras que la pointe du même nom et le front barré d'un mauvais pli. Le conducteur pris dans son étau de tôle laissa passer ce jeune handicapé et l'accompagna d'un regard étonné. C'était lui, Hugues Miorin du Stade Toulousain, l'Obélix du paysage ovalien, un modèle de haute et large santé proposé aux générations souffrantes, 192 centimètres et 114 kilos de chair exemplaire offerte à la recherche de Bernard Laporte pour une deuxième ligne de détente et de devoir. Car l'entraîneur cherchait toujours à enrichir sa mêlée d'un joueur « pas grand, massif, robuste, qui se consacre aux phases de combat, de soutien pour soulever en touche, balayer, étayer dans les regroupements ». Ce gros programme, tel que Matiu et Daudé n'avaient pas pu complètement l'assumer auprès de Brouzet, serait confié à ce professionnel différent qui dirige une entreprise de matériel informatique. Trois saisons après, il revenait à trente et un ans dans le quinze de France et sa mission était tracée dans la terre des avants, une mission presque sacrée, celle d'assurer l'image de la solidité. C'était simple, comme dans la tête de Bernard Laporte : « Je veux un gros pousseur, une poutre quoi ! » Cette fois, il l'avait, cette pièce essentielle à l'édifice. À sa seule vision, la malédiction de cette équipe de France dolente céderait, perdrait du terrain et l'ensemble repartirait non pas comme en quarante mais comme jamais.

Mais au petit matin, au beau milieu d'un entraînement au petit train, la poutre s'affaissa, fissurée, incapable de poursuivre son œuvre. Le visage de Bernard Laporte déjà torturé se fissura d'une nouvelle grimace. Il lui fallut, vaille que vaille, sortir un propos fataliste, une dérision de tradition pour ne pas donner à son tour l'expression de l'abattement : « Si ça continue, on ne fera plus rien jusqu'au match. Au moins, quand on dort, on ne se fait pas mal. Encore que j'en ai un qui a mal dormi... » Miorin à terre, c'est le capitaine Pelous qui, comme souvent en cours de match, assure le relais pour avancer d'un cran, et c'est Thomas Lièvremont qui reprend position en numéro huit. Cet homme affaibli, que nous avions vu s'approcher au ralenti de la Clinique du sport un jeudi vers midi, et qui avait perdu un peu de santé en passant par Paris, va devenir le symbole d'un quinze de France en souffrance, qui doit songer à se soigner avant de réparer son calendrier. On en restait, cependant, à ce même sujet des joueurs cassés, de ces braves soldats de toutes les lignes laissés dans le fossé. La presse pouvait étaler la comparaison entre l'équipe contre Galles, celle qui correspondait le plus aux convictions de l'entraîneur, et celle prévue contre les Irlandais. Du côté des arrières, il ne restait plus qu'Émile N'Tamack pour répondre présent et encore avec le numéro quinze, comme pour le Tournoi précédent. Ils étaient deux à profiter du démantèlement, l'ailier de Montferrand David Bory et le centre de Toulouse Cédric Desbrosse, un joueur de 1,90 m et 95 kilos, qui, selon les commentaires les plus autorisés, était l'incarnation du rugby non pas de demain mais d'aujourd'hui, le puissant, le tout droit, le rentre-dedans. Le plus savoureux était encore le retour d'un ailier d'hier, sorte de compromis

O'Driscoll s'était déjà distingué contre les Anglais. Le Stade de France serait le lieu du sacre.

Et c'est ainsi que Marc Dal Maso s'échaufferait en un rêve d'essai avant de se réveiller, capturé, devant les poteaux.

13

Keith Wood, *contre les Français ou les Gallois, confirmerait sa fascination pour le combat.*

entre Duprat et Sillières, j'ai nommé le très classique Philippe Bernat-Salles, dont Bernard Laporte s'était privé pour profiter des deux inclassables N'Tamack et Dominici. Au fait, il faut vous dire que celui-ci, brillant sur le terrain, malin sur les ondes, était voué à la saturation, tandis que son partenaire, Thomas Lombard, se retrouvait à terre pour toute la saison. Lombard avait, selon sa propre expression, terminé France-Angleterre « sur les rotules ». Il y resterait, avec une entorse au genou une semaine après Écosse-France. Et Bernard Laporte d'en venir à un inventaire qui dénonçait l'état de ce sport dans notre pays : « Entre l'équipe de France et les A, ça fait vingt-huit joueurs qui nous lâchent. Pour l'heure, nous préparons notre match contre les Irlandais dont nous savons qu'ils viennent avec la volonté de nous rôtir. Mais après, je m'engagerai pour que ça bouge. Les joueurs parlent de faire grève et, non seulement je leur donne raison, mais encore je serai en première ligne avec eux. » Cette première ligne, au fait, n'avait pas bougé sous l'autorité du trio Tournaire-Dal Maso-Califano, mais notre sentiment n'en finissait pas de se porter vers la dignité inscrite dans le comportement de Raphaël Ibañez, qui subissait une situation inédite dans le rugby français, celle d'un capitaine double vainqueur du Tournoi, deux grands chelems, finaliste de la Coupe du monde, qui devait avancer désormais sur une sorte de chemin de croix. Devenu remplaçant, libéré pour les fins de partie, le même continuait à nous éclabousser d'une moralité, la sienne. Sur ce, il était temps de se tourner vers ces chers Irlandais. On parlait beaucoup des petits nouveaux de la génération attaquante, Hayes, Easterby, Stringer, O'Gara, mais c'est d'un autre que naîtrait la sensation avec une note en plus, quelque chose d'inoubliable. Pour la petite histoire de ce sport, il convenait cependant de battre le rappel. La dernière victoire irlandaise en France remontait à un temps que les moins de vingt ans… Le capitaine irlandais vainqueur des Français sur leur herbe s'appelait Ken Kennedy, un docteur du genre plutôt fiévreux. Vingt-huit ans après, non plus à Colombes mais à Saint-Denis, et après un long passage au Parc des Princes sans succès, les Irlandais étaient toujours stimulés par un talonneur, un grand battant souvent battu, j'ai nommé Keith Wood, qui avait attendu trente-trois sélections et l'âge de vingt-huit ans pour gagner une première fois dans le Tournoi à Lansdowne Road. Deux ans après une défaite cruelle (16-18) contre les Français d'Ibañez sur ce même terrain, les Irlandais étaient prêts et Wood déjà remonté. Sous un ciel bien disposé et une pelouse entièrement renouvelée, on allait bien voir. Ce sont les Français qui passeraient les premiers, avec une pénalité jouée à la main, une trouée au centre, comme par ironie, de Bernat-Salles, et une belle plongée bleue qui se terminerait sur l'aile de Bory par un essai justement refusé. Mais il y avait là comme la promesse de quelque chose de frais. Ce quelque chose serait irlandais. Après deux pénalités de Merceron, une blondeur commencerait à irradier, celle du dénommé O'Driscoll, dont la réputation n'avait pas encore soulevé les foules mais qui faisait l'objet d'un chaleureux papier de Julien Schramm le jour même dans *l'Équipe*. À la 20e minute, le jeune homme déboula une première fois et, trois minutes plus tard, il termina un grand mouvement tout de verdeur sous les poteaux. Par ailleurs, sa passe avait de la classe, mais le styliste était aussi puncheur. Avant la mi-temps, une malice de Laussucq qui joua pour lui-même devait donner l'avantage (13-7) et l'espoir de mieux se tenir aux Français. Mais tout le reste, par la marque mais aussi la manière, la marque de deux essais supplémentaires de O'Driscoll et la manière d'une équipe de profiter tout à la fois de ses initiatives et de la fébrilité de l'adversaire, tout le reste serait irlandais jusqu'au résultat (27-25), une victoire à mains levées. La légende était irlandaise, la tourmente, française. Un état des vieux et des lieux était à nouveau programmé en Ovalie. L'examen de conscience ne nécessiterait pas qu'une remise en ordre du calendrier. Le mal paraissait plus profond, qui touchait aux mentalités et à la formation. Un rugby était à re-voir et à corriger, une lucidité à re-trouver.

Arnaud Costes ou le symbole d'un peu de soleil dans l'eau froide.

Brian comme O'Driscoll

Par la grâce, encore et toujours de Brian O'Driscoll, pour l'amour d'un certain rugby, nous étions nombreux à nous sentir irlandais à jamais.

En attendant l'uniformisation du rugby casse-tampons, il fallait bien grappiller çà et là des impressions et des visions d'un jeu éternel où le plus malaisé ne sera jamais de se donner mais de donner, où le prix de la création résistera à l'entreprise de destruction. Rimbaud contre Rambo, semelles de vent contre casque de plomb, le match était perdu d'avance, mais il s'agissait, jusqu'à la dernière goutte d'inspiration, de le prolonger. Aussi, nous ne remercierons jamais assez deux destins contrariés, l'un irlandais, l'autre français, de s'être rencontrés un dimanche de l'an 2000 à Saint-Denis pour enfanter un rugby plein de défauts, donc de vie. Car ce 19 mars, une fois encore, la liste des ballons conquis et des plaquages réussis, l'inventaire des chocs-options, les leçons tirées après coups de pied, toutes ces comptabilités sur du papier auront volé en éclats par la grâce d'un joueur sans époque qui a joué et fait jouer. Béni soit ce Brian, vive l'humeur buissonnière de cet O'Driscoll, comme sorti du dernier cercle des poètes disparus, avec la dégaine d'un fils de Slattery, Fergus pour les intimes. Qu'il ait marqué, ce jour-là, avec autant de voracité, mais après d'autres, trois essais ne valut que pour les statistiques et le malheur des Français. Le rare et le meilleur étaient ailleurs, par exemple et surtout dans le rappel de ces images où ce jeune homme n'était allé au contact, à la corne disait-on, que pour mieux passer, souple, précis et délié, aussi généreux qu'un don de Dieu. Peut-être ne le verra-t-on plus à ce point, à ce niveau de facilité et d'efficacité dans le plus difficile, l'acte d'offrir au plus près, et son dimanche à Saint-Denis sera à mettre au compte des hallucinations collectives, mais l'on se souviendra toujours de cet adorable gamin, de son jeu de jambes et, surtout, de mains. Comme si, sur le chemin de Colombes, par un miracle encore à déterminer, un esprit aussi Brian avait conçu à travers les âges l'impossible mariage entre Jo Maso et Tim Horan. Les Français, en pleines querelles de styles entre le passé dépassé et l'avenir à bâtir, devraient surtout s'en inspirer au lieu de s'attarder dans le milieu de terrain, son cimetière des corps et des idées. La première mesure à prendre était d'afficher la splendeur de ce talent dans les écoles, d'essayer de trouver des disciples à cet O'Driscoll. À vingt et un ans, et avec ses 1,80 m pour près de 90 kilos, l'étudiant du Blackrock College, le joueur de Leinster, avait tout pour devenir le centre du monde. Monsieur, dessine-moi le rugby. Simple et miraculeux : un peu de vert, de roux, de bleu, de rose et d'amour à l'irlandaise autour.

IRISH
wanadoo.fr
RENAULT

GILBERT

Tant de forfaits et de remplacements avaient du bon, qui nous permettraient de revoir Aubin Hueber à la mêlée et au plongeon.

Un final confus

L'ambition avait cédé la place à la lassitude. Pour une équipe de France de moins en moins droite dans sa botte, il fallait en finir avec ce Tournoi et, si possible, bien le finir, c'est cela, contre la sixième nation, l'Italie. Il n'y avait pas malaise, plutôt mal-être dans cette Ovalie qui cherchait sa formule, dans ce rugby où la logique du travail intensif nuisait à l'intérêt du jeu, et même à ses intérêts. L'équipe de France avait-elle encore de la flamme ? Une âme ? Il lui fallait en terminer avec cette affaire courante avant de renouer avec l'excitation des grands défis, ceux que lui promettaient, pour l'automne, la Nouvelle-Zélande et l'Australie. Le symbole même de sa chute d'ambition était contenu dans le sort fait à un joueur. Abdelatif Benazzi, soixante-treize sélections, couvert de considérations, qui était revenu au plus haut avec quelque chose en plus, recueilli auprès de Jean-Claude Skrela et Pierre Villepreux, le souci de s'ouvrir davantage aux autres au plus fort de ses actions, le bel Abdel ne serait pas du quinze de départ. Bernard Laporte l'avait décidé sans que nul ne puisse le contredire sur ce sujet : « Il n'a pas eu assez de présence physique contre l'Irlande. » Touché dans son orgueil, selon ses mots, l'homme blessé avait répondu : « Je sais ce qu'il faut faire pour revenir. » C'est le Briviste Lionel Mallier et son appétit de fonceur qui en profiteraient. Par ailleurs, le quinze de France retrouvait les ressorts de Thomas Castaignède et le talent d'Olivier Magne ; le talent en effet, cette suprême qualité qui, saison après saison, s'était diluée dans les lignes françaises en dépit de la prouesse collective contre les Néo-Zélandais. Émile N'Tamack glissait au centre au côté de Richard Dourthe, Alain Penaud pourrait enfin s'exprimer à l'ouverture, et la mêlée serait confiée à un spécialiste dont chacun aimait à flatter les mérites : Aubin Hueber, trente-trois ans. Il était ce bon joueur qui avait su durer, menait le jeu à Toulon, et qui justifiait cette décision. Il avait quitté l'équipe de France après un quart de finale de la Coupe du monde 1995 contre l'Irlande et son histoire suggérait bien des vertus. À part ça, et pour l'esprit de ce match, on pouvait douter de la capacité de cette équipe de France non pas à gagner, mais à emballer. Elle était déjà passée à côté de ce Tournoi et il n'était pas possible de l'expliquer par la seule série de ses blessures et de ses forfaits. La fin du match contre l'Angleterre n'avait pas plaidé pour sa lucidité, et les grandes envies manifestées contre Galles avaient fondu, le fameux appétit qui vient en jouant aussi. Son nouveau statut de « vice-championne du monde », abondamment répercuté, était apparu comme un leurre. On pouvait penser qu'elle avait bénéficié d'une préparation comme jamais, sur la lancée d'une Coupe du monde qu'elle avait vécue au mieux de ses possibilités. La conviction demeurait qu'elle s'était exprimée en accord avec le malaise du rugby français, ce « ras-le-bol » avoué par Olivier Magne dans *l'Équipe*, cette « pagaille » désignée. Et tout invitait les uns et les autres à passer à autre chose, par exemple et surtout cet automne avec ses rendez-vous du Stade de France qui obsédaient Bernard Laporte. En attendant, il fallait bien, si vous permettez, se le peler ce dernier match tel que Diego Dominguez, l'Argento-Italien, en avait fait son jubilé : « Ce sera mon dernier sous le maillot italien. » Il serait, en réalité, déjoué par des Français retournés aux

La main sur le cœur, la voix pour le chœur, Diego Dominguez jouerait un match particulier.

F.I.R.
llianceUniClem

Thomas Castaignède était revenu à son rythme, en sixième vitesse.

Dans son rôle de buteur, Richard Dourthe, ici contre les Anglais, serait souvent sur le bon pied.

amères délices de l'à-peu-près. Brad Johnstone, l'entraîneur néo-zélandais de l'Italie, se voulait plutôt morose après la série d'échecs bien chiffrés qui avait succédé aux débuts contre l'Écosse et à son euphorie : 16-47 contre Galles, 13-60 contre l'Irlande, la soumission 12-59 à Rome face aux Anglais. Et de tirer une moralité : « Mon équipe est encore trop tendre. » Il était permis alors de songer qu'elle allait être croquée par ces Français. Ceux-ci pouvaient toujours s'en remettre à d'autres références pour être stimulés. En effet, ils en étaient à cinq défaites d'affilée sur l'herbe renouvelée du Stade de France, soit Australie, Galles, Écosse, Angleterre, Irlande de passage à Paris. Voilà qui ne traumatisait guère certains d'entre nous, le dernier carré des attardés, encore capables de donner plus d'importance à la manière qu'au résultat. L'étalement de ces chiffres négatifs sur deux Tournois n'était rien à côté de la qualité d'un jeu qui s'était délitée, comme si le physique s'était développé dans le même temps où la technique avait régressé. Les fameux fondamentaux tant ressassés évoquaient toujours la défense, la conquête, la récupération du ballon, jamais son utilisation. Et ce France-Italie, dont le résultat paraissait tout de même acquis, confirmerait que la manière, elle, était malade. Le tout se passerait un 1er avril, le jour parfait pour blaguer. L'affaire avait commencé par une domination des Italiens où les demis Dominguez et Troncon se sont montrés à leur avantage, plus efficaces que la paire française Penaud-Hueber en tout cas. Le premier a passé un drop sans qu'il y fût question de complaisance en pareille circonstance. Et le premier essai est venu du centre Luca Martin, celui de Bègles précisément, qui a troué le rideau blanc français après un quatrième temps de jeu. Quelques minutes plus tard, Alain Penaud s'est racheté de deux renvois directs en touche pour marquer à sa façon très personnelle d'ouvreur-finisseur. Les Italiens ont fini leur demi-heure allègres, par un deuxième essai signé par le demi de mêlée de Montferrand, Alessandro Troncon. Car ils ont joué une première fois à quatorze, un Walter se retrouvant à la faute au sol. Les Français en ont profité pour s'échapper grâce à un essai fictif de Castaignède, au bout d'une longue échappée où il n'avait pas pu aplatir l'objet. Mais l'arbitre l'a accordé et la France fut soulagée de se retrouver en tête (20-17) à la mi-temps. Les mêmes Français ont bénéficié d'une autre mauvaise inspiration de Walter, pas celui de la légende mais Cristofoletto. Par ailleurs joueur montois en championnat, celui-ci avait pris le monument Benazzi, revenu au jeu, pour un paillasson.
Les Français ont alors saisi l'occasion pour s'évader avec deux essais (Benazzi, Penaud) plus une transformation. Voilà qui leur laissait une marge pour donner un meilleur goût à leur prestation et permettre aux 70 000 spectateurs ainsi qu'à tous les autres dans leur salon de se retirer d'un tel spectacle sur une meilleure impression. L'inverse survint dans une sorte de caricature des plus mauvais passages de la saison. Car le jeu à quinze de cette équipe a subi les élans et l'allant des bleus qui se comptaient quatorze. C'est ainsi que par deux fois, la deuxième grâce à l'offrande d'une mésentente entre Penaud et Hueber, les Italiens ajouteraient des essais (Mazzucato, Troncon) pour arriver à un 42-31 final dont le sens et la moralité n'échappaient à personne. Un seul élément a pu dérouter, offert par Bernard Laporte. Tous les journalistes présents attendaient une conférence truffée de vacheries, elle ne fut que douceur et fantaisie. Malgré le dernier essai « comique », le sélectionneur s'était montré « rassuré ». Il ajouta : « Si on est un peu lucides, un peu appliqués, on gagne de 30 points. » Au vrai, le même, sans s'esclaffer, était heureux d'en finir avec un Tournoi des Six Nations qu'il avait très vite situé comme une phase de transition et de préparation. L'affaire de la sorte bouclée, il se voulait, malgré tout, « optimiste », au point d'en terminer lui-même sur la promesse du début : « En jouant simple, ce quinze de France va progresser. » En restant simple aussi, on pouvait affirmer que les retrouvailles avec les Australiens et les Néo-Zélandais n'étaient pas programmées un 1er avril.

LYCRA
DIADORA

Revenu au combat, Benazzi confirmerait, grâce à Cristofoletto, qu'il avait bon dos.

UNIVERSAL
adidas
itineris

Tant qu'il y aura des Dominici

Il fut l'homme de la saison jusqu'à la fin du Championnat le plus long, celui qui, en dépit des lassitudes et des blessures, sut maintenir le goût et l'élan d'une Coupe du monde réussie. Il fut aussi et surtout le joueur par lequel l'espoir en un jeu vif et inventif put courir les lignes. Christophe Dominici n'est pas un créateur, plus que jamais une rareté dans ce jeu de chocs et d'affrontements, mais un provocateur, l'homme par qui l'étincelle arrive. Des appuis différents, un culot et une malice de tous les instants, et c'est un ailier venu de nulle part qui entreprend, surprend. Le public ne s'y trompe pas, qui frissonne à la moindre de ses initiatives. Un public qui mise sur cette nature effervescente pour croire encore et toujours au pouvoir de séduction du meilleur rugby, celui de l'audace et des espiègleries. Voilà comment Christophe Dominici semble jouer comme il est, avec conviction et avec grâce, avec du vrai sentiment coulé dedans. Une belle générosité s'est révélée. L'aventure ne saurait se terminer avec cet ailier qui sait la partager.

COTTON OXFORD

Dans
la tempête,
Duncan Hodge
et les
Écossais
viennent
de marquer
l'essai, avis
de dépression
sur les
Anglais.

Fantômes à louer

Le dimanche 2 avril, Murrayfield retrouva sa fierté, d'abord complet ensuite comblé. La patrie écossaise en danger pouvait sauver la face en une rencontre privilégiée, celle où elle retrouvait le « meilleur ennemi ». Au fond des lochs embrumés, un rugby périssait.
Son incroyable réussite dans le Tournoi précédent n'avait pas réduit la lente maladie qui le rongeait, la fuite des jambes et des talents vers l'Angleterre ou la France. Seules deux équipes régionales, celles de Glasgow Caledonian et d'Edinburgh River, résistaient encore, mais nul ne les voyait au sommet de la Coupe d'Europe. Non, avec sa dizaine de milliers de licenciés, l'Écosse ne pouvait pas se contenter de bien chanter *Flower of Scotland*, il lui fallait ôter à l'Anglais le goût de ce douzième grand chelem que les uns et beaucoup d'autres lui promettaient. Or, un an auparavant, ce douzième trophée, prêt à déborder de l'immense fierté, avait échappé à ces mêmes Anglais dans Wembley à la toute dernière minute du baisser de rideau contre les Gallois. Le rouge, cette fois, ne serait pas celui de l'étoffe mais encore et pour longtemps celui qui s'attarde sur les fronts. Et le premier à se souvenir de l'affront n'était autre que le costaud vénéré, le surpuissant Dallaglio qui planta son essai dès la 24e minute au comble d'une rage ruisselante. Car de violentes rafales traversaient la cuvette, la pluie battait à tous les bords, tous les corps. La révolte écossaise serait à la mesure du défi anglais, et même mieux que ça aux rendez-vous des mêlées où les maillots blancs subissaient, dans le ciel des touches où l'immense Richard Metcalfe (2,13 m) imposait sa loi.
« Nous les avons battus en mêlée, en touche, en défense, dans toutes les situations de jeu. On les a dominés dans tous les compartiments », se réjouissait Ian McGeechan, l'entraîneur écossais, au bout de cette extraordinaire traversée. Un homme, l'ouvreur Duncan Hodge, se dresserait comme un symbole triomphant de cette fantastique réplique des morts vivants, ces fantômes à louer. Avec un essai transformé (75e) et quatre pénalités, il inscrirait tous les points de son équipe contre l'essai de Lawrence Dallaglio et deux pénalités de Johnny Wilkinson.
Il resterait des chiffres pour le papier, 9-13, mais surtout la vision d'un combat étouffant pour la mémoire. Et le son lui-même très grand. L'équipe qui avait tout perdu jusqu'ici pour offrir dans son immense générosité son jour de gloire à l'Italie, cette équipe que l'on croyait tout juste bonne à retarder une belle agonie contre l'adversaire, le nanti, cette équipe-là avait terminé en beauté un Tournoi où beaucoup de cœur l'avait emporté. Ian McGeechan, toujours lui, voulut y ajouter une pointe d'humour, mais celui-ci fut traduit par l'Angleterre comme de l'ironie : « On peut être contents tous les deux. Ils ont gagné le Tournoi et nous la Calcutta Cup. » Il était dit que Clive Woodward ne pourrait s'en satisfaire, en sourire. Il avait succédé à Jack Rowell, apôtre du rugby classique, pour faire s'épanouir un jeu plus ouvert. S'il avait transformé l'esprit de son équipe, il restait accablé par un palmarès assez vide. Le premier entraîneur salarié à temps complet par les Anglais était à ranger du côté des frustrés. Et la menace revenait d'une charrette pour le condamné. Il était toujours aussi peu facile d'évoluer, de changer.

Andy Nicol et les Écossais renaîtraient dans la tourmente. Et le grand chelem des Anglais rétrécirait.

Pour mieux déguster leur si belle victoire, les joueurs français avaient revêtu l'habit des vaincus, celui des Australiens.

RUGBYTECH

Air frais

L'histoire était déjà belle dans son évocation, dans tout ce qu'elle suggérait de moralité. Car le rapprochement s'imposait à l'Ovalie comme le joli rebondissement d'un destin. Voilà comment des jeunes gens de moins de dix-neuf ans, ceux-là mêmes qui, l'année d'avant, avaient réussi le grand chelem chez les scolaires après leur ultime victoire contre les Anglais à Twickenham, ces « Bleuets », disait-on, pouvaient être déjà fiers de leur histoire. En ce dimanche de Pâques, ils s'apprêtaient à jouer la finale du Championnat du monde juniors contre les Australiens, qui s'étaient qualifiés aux tirs au but (5-5 à la fin du temps réglementaire) face aux Néo-Zélandais. Dans *l'Équipe*, c'est un Néo-Zélandais, Ian Borthwick, qui rendait compte de l'aventure, laquelle se présentait, six mois après, avec bien des similitudes. Car l'équipe commandée par le numéro huit Vincent Clément, de Colomiers, était promise, six mois plus tard, comme son aînée, à une rude séance en défense. Elle fut à la hauteur de ce défi et mieux que ça, dans un Parc des sports de Dijon où ils étaient 8 000 à passer et à pousser pour que triomphe, au-delà de l'orgueil d'un pays, un si bel esprit. Car il courait toutes les lignes, cet esprit, avec son Valentin Courrent de Bobigny à la mêlée et son Peyrelongue de Peyrehorade à l'ouverture. Au long d'une première mi-temps pleine d'allant, par trois fois les Français furent sur le point de franchir la dernière ligne. Par ailleurs, en défense, ils ne cédaient rien. Le rythme, les initiatives étaient pour eux, la vie du ballon dépendait beaucoup de leur propre volonté à le faire voyager. À la mi-temps, où le 0-0 confirmait l'âpreté de l'affaire, Vincent Clément rassembla les siens, resserra les liens par des mots qu'il savait distribuer avec une belle autorité : « Écoutez, les gars, il nous reste trente-cinq minutes pour être champions du monde. Trente-cinq minutes... Ce n'est rien dans une vie. Alors, on donne tout, on se vide et on va jusqu'au bout. » En cinq minutes, ce qui n'était toujours rien mais qui pouvait laisser quelque chose de doré pour le restant d'une vie, les Français marquèrent deux essais : coup de pied subtil de Nicolas Laharrague pour une touche, prise de Sébastien Petitgiani et Mathieu Diebolt qui s'affale en toute volupté sous la poussée. Sitôt cette première réussite dégustée, aucun relâchement ne fut à signaler. Les Français ajoutèrent une nouvelle vivacité à leur entreprise et, à la suite d'un superbe plaquage de Vincent Forgues sur l'ouvreur australien Michael Ruthven, les avants français retrouvèrent le ballon, qui se déplaça jusqu'à Alexandre Bias, l'ailier gauche briviste, pour un dernier relais de Vincent Courrent, le benjamin de l'équipe, qui feinta la passe et trouva la lumière comme fasciné par le dernier effort à faire. Il enchaîna, cependant, du bord de la touche pour une transformation qui révéla un chœur dijonnais sous l'air des champions. Quatorze à zéro, ces Bleus vifs laisseraient leur empreinte à jamais dans le paysage. Au cœur des tribunes, de Bernard Lapasset à Bernard Laporte, se tenaient des témoins ragaillardis. Auprès des entraîneurs Bernard Charreyre et Lazerges, Max Godemet, le manager, était réjoui. Et Pierre Villepreux se remit à espérer en un rugby français qui, enfin, imposerait sa différence, une identité.

C'est le capitaine Vincent Clément qui fit suivre le trophée pour une joyeuse tournée.

Pendant ce temps, les femmes gagnaient du terrain et des matchs. Et les Françaises, Sabrina Bouabdallah en tête, se distinguaient devant les Italiennes.

Dernière valse à Bucarest

Revenu non pas du bout du monde mais d'une autre planète, celle des douze, Bernard Laporte pouvait ne pas en croire ses verres et frotter ses lunettes. Après s'être exprimé dans les gazettes pour dire son éblouissement autant que sa crainte à l'instant de faire la comparaison entre ceux du Sud et ceux du Nord, les compétitions respectives surtout, l'entraîneur en chef se plongea dans la nouvelle mission confiée par un calendrier assez mutin, soit la préparation d'un rendez-vous chez les Roumains. Bucarest était au bout de l'aventure burlesque qui attendait l'équipe de France qu'il devait former et fixer sur le sujet. On devait apprendre en simultané que le rite d'un France-Roumanie serait enfin revu et corrigé afin que pareil match soit un banc d'essai pour les premiers, une occasion de s'aguerrir pour les seconds. Car il ne s'agissait pas pour les Français de jouer le coup du dédain aux Roumains et de nier l'importance pour les pays de l'Est de rester en contact avec le restant de l'Europe, seulement de ramener ce vieux classique à des proportions qui profiteraient à tout le monde.
C'était dit, ce serait écrit, ce France-Roumanie serait le dernier de ce modèle, les espoirs français ou qui vous voudrez prendraient le relais. En attendant, Bernard Laporte se devait de composer avec un curieux week-end où se bousculaient la finale du Bouclier européen entre Castres et Pau, le Tournoi de rugby à sept de Charléty et, dans la foulée, la dernière finale de la Coupe de France, entre Brive et Biarritz.
Certes, pour avoir raté la dernière marche avant la finale de la Coupe d'Europe, les Toulousains étaient disposés à prendre ce dernier train pour Bucarest, mais l'affaire paraissait compliquée, et même frôlée par le dérisoire de certaines situations. Par ailleurs les Barbarians français de Jean-Pierre Rives et Robert Paparemborde s'étaient dévoués pour fermer le toit du Millenium de Cardiff, car telle était la raison invoquée par les Gallois à l'instant de proposer un match de gala. Oui, voilà comment les deux compères, désireux de ménager un peu de plaisir pour des anciens et des jeunots, des Sadourny, des Deylaud, des Tordo et des Moscato à côté de plusieurs bambins, se retrouvèrent au centre d'une polémique sous l'accusation d'incongruité dans le calendrier.
Les temps du rugby bon enfant avaient changé, le changement d'époque était consommé, et Jean-Pierre Rives n'avait plus que son esprit toujours mutin pour s'en remettre. Pendant ce temps, à l'autre bout du rugby, retentissait le sacre de Canterbury. Bernard Laporte, lui, revenait à ses brebis avec une philosophie : « J'ai tenu à composer un groupe mixte d'anciens et de nouveaux, par respect pour l'équipe roumaine, qu'il ne faudra pas prendre par-dessus la jambe, et par respect pour l'équipe de France. » L'occasion était donc donnée aux Olivier Milloud, Lionel Nallet, Alexandre Audebert, Fabrice Lalanne, Jean-Marc Souverbie, Frédéric Cermeno, Jean-Charles Cistacq, Cédric Heymans et Lionel Nallet de se faire mieux connaître sous l'ombre protectrice de leur capitaine, le grand Benazzi.
Faute de télévision, on s'en remettrait aux rapports des correspondants sur le front pour noter que les trois derniers en avaient bien profité. L'équipe de France aussi qui avait gambadé pour un 67-20 forcément record à l'arrivée.

Le galop d'essais contre les Roumains soulignerait combien Jean-Charles Cistacq avait fière allure.

L'essai de Cribb au cœur de Brumbies célèbrera le troisième sacre de Canterbury. Le Super 12 le restait.

BARRY
12

Horan et le douze, c'est Super

Bien des impressions font du Super 12 des gens du Sud une entreprise de séductions. On en oublierait presque les dessins des corps, qui ne peuvent pas être attribués qu'aux joies de la musculation ou aux avantages des protections. Il y a le rythme et l'intensité qui font que cette compétition entre les provinces, après les Tri-Séries entre les nations, s'inscrit comme le grand laboratoire du professionnalisme, le champ ouvert aux rudes chevauchées des maîtres en personne de ce nouveau jeu. Et Tim Horan lui-même toujours prompt à donner le tempo au Queensland ne paraît pas usé par l'affaire, qui joue avec la même avidité depuis la fin des années 1980. L'un des écueils du Super 12, de sa vitesse et de son engagement, c'est l'uniformité dans le défi permanent de la puissance en mouvement. Mais la liberté d'entreprendre l'emporte, elle-même encouragée par les règles et les arbitres. Et la troisième victoire d'affilée des Néo-Zélandais de Canterbury fut là pour rappeler que la défense n'est en rien négligée dans ce Super 12 endiablé. Par ailleurs, la vieille Europe n'avait toujours pas un rugby de grande ambition à lui opposer, à lui imposer. Jusqu'à quand ce sport jouera-t-il à Nord perdu ?

La sensation, à défaut de la cinquième Coupe d'Europe, reviendrait aux Irlandais de Munster, beaux vainqueurs du Stade Toulousain en demi-finale à Bordeaux. Depuis deux saisons, l'Irlande était supérieure à la France. Par bonheur le rugby ne cédait pas à l'uniformité.

Coupe d'

Europe

Cheval de trois

Quinze jours après la quatrième Coupe du monde, la cinquième Coupe d'Europe démarrait. On pouvait y voir une forte invitation à discuter du calendrier, non pas pour une question de qualité mais pour une affaire de quantité, car ce sont les dates qui débordaient plutôt que les ailiers. Les responsables de l'hémisphère Nord étaient d'accord pour déplorer un retard sur le Sud, pour espérer l'équivalent d'un Super 12 à la sauce européenne afin de le réduire, mais les premières dissonances étaient révélées à l'instant d'accorder les violons du bal. Le Vieux Monde tardait encore à mettre au point une compétition de forte intensité sur l'échelle du rugby, le Tournoi et la Coupe d'Europe pouvaient continuer à leur rythme. Pour l'esprit et ce qu'il restait de magie de notre chère Ovalie, pareille situation n'était pas trop à déplorer. Mais pour la logique implacable du professionnalisme prêt à mobiliser ses troupes sur tous les fronts de la promotion et de la télévision, la mutation tardait, un fond d'artisanat stagnait dans les mentalités. En attendant, cette Coupe d'Europe retrouvait ses goûts gallois et surtout anglais, ce qui était toujours ça de gagné. Au total, les vingt-quatre clubs, dont six français, Montferrand, Stade Français, Stade Toulousain, Bourgoin, Colomiers et Grenoble, étaient répartis en six poules. Celles-ci ne promettaient pas les œufs d'or du football, mais il y avait tout de même 200 millions de francs à se partager. Et les Anglais, pour être heureux de s'y mêler, n'en resteraient pas moins anglais au moment de menacer. Car la création d'une Rugby League regroupant clubs ou provinces anglais, gallois et écossais était envisagée. Le rugby spectacle était en marche, mais, pour l'instant, on relevait surtout les élans des danseuses de french cancan. Les mêmes cependant, soit les Français et leurs traditions, devaient proposer d'autres divertissements si peu goûtés puisque l'on parlait plus que jamais de la distribution des fourchettes avant le banquet. Les mauvais échos de la Coupe du monde qui mettaient en accusation plusieurs joueurs français, comme Tournaire, Ibañez et Pelous, n'étaient pas encore étouffés ; accusation encore amplifiée par l'exemplaire capitaine australien John Eales lui-même. Il y avait de la perfidie dans l'air et cette manière d'être montré du doigt devint une mauvaise ironie lorsque le pilier de Colomiers Richard Nonès fut expulsé par un juge de touche écossais et suspendu pour vingt-quatre mois. Les images vidéo ajoutèrent au trouble puisqu'elles n'établissaient en rien la culpabilité du joueur. Et le rugby français, hier chanté pour son champagne, dut composer avec une réputation au vitriol. Passé les premières escarmouches en terrains sombres, les uns et les autres revinrent à des rapports plus limpides, et les représentants de l'Ovalie se comptèrent trois au pied des quarts, soit un de mieux que les Anglais et les Gallois qui avaient perdu en route les Harlequins et Leicester. L'entrée de ce « cheval de trois » était attendu, puisqu'il s'agissait des deux finalistes du championnat, le Stade Toulousain et Montferrand, associés au Stade Français. Cependant, les Parisiens étaient promis au Munster, qui avait succédé à l'Ulster. Et les Verts irlandais n'étaient plus considérés comme les braves écolos de ce jeu.

Alain Penaud était de retour dans le paysage français. Le Stade Toulousain en profiterait.

Penauille

PUMA

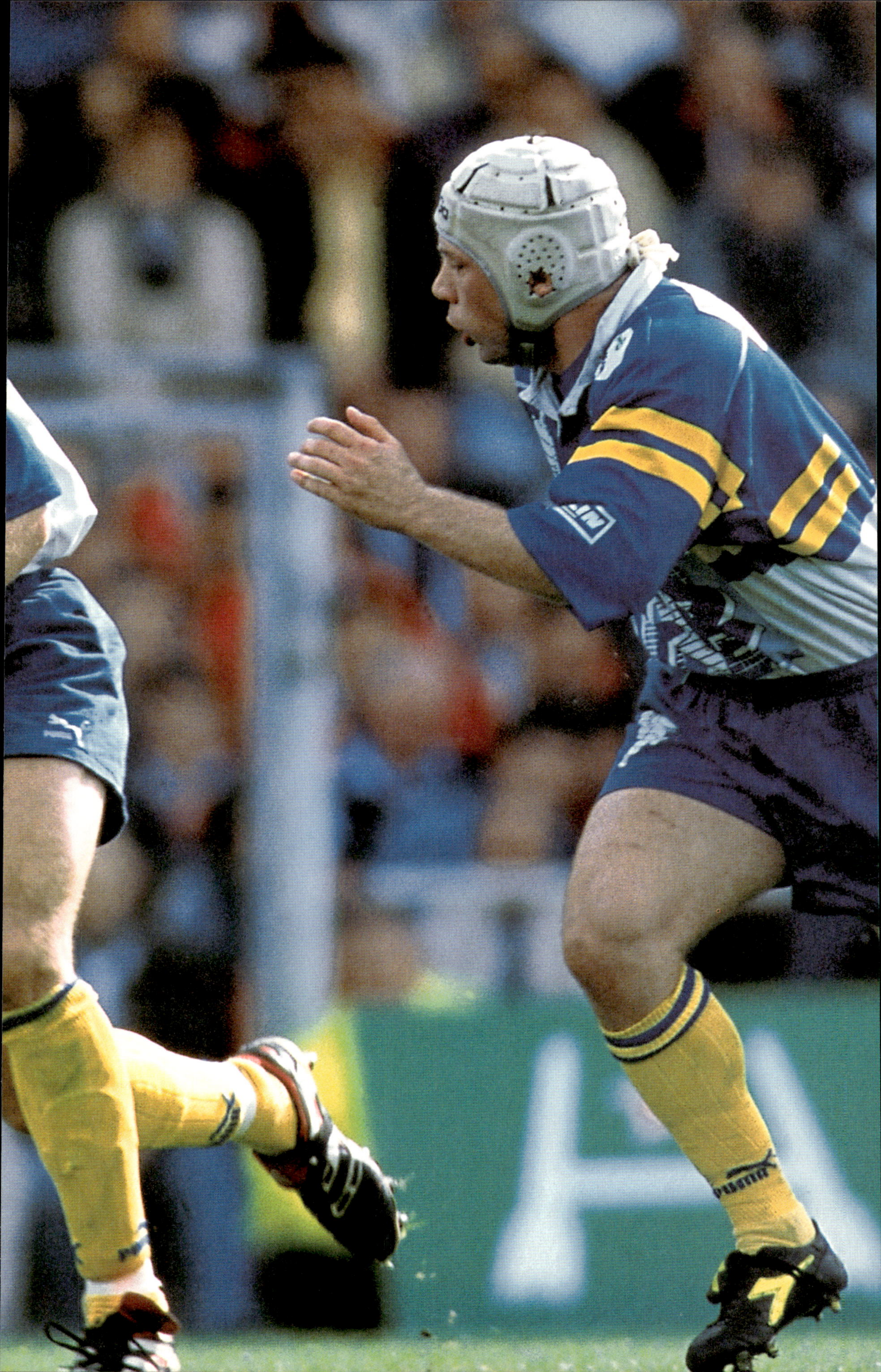

Olivier Magne s'efforcerait de contester la toute-puissance des Toulousains sur le territoire français. Il y gagnerait d'autres regrets.

C'est vert mais juste

Trois élus, trois rejetés, le bilan, comme on dit, était mitigé. Mais enfin il y avait assez de curiosité et d'excitation pour permettre aux Français de s'écarter un moment de l'inlassable débat sur le calendrier. Celui-ci tenait du bazar difficile à organiser et s'exposait encore et toujours à la critique des premiers intéressés. Deux poules de douze clubs avec matches aller-retour, soit vingt-deux rencontres auxquelles s'ajoutaient les quarts, les demis et la finale, restaient difficiles à digérer et appelaient cette réaction de Jean-Marc Lhermet, réputé pour sa sagesse et président du syndicat des joueurs : « Cette nouvelle formule est contraire à l'évolution du rugby qui veut moins de matches, mais de haut niveau. » En ce joli mois d'avril, les meilleures équipes françaises n'étaient pas signalées à la dérive et l'on allait pouvoir vérifier de quoi leurs véritables possibilités étaient faites face à l'étranger. Cependant, seul le Stade Français était confronté à cette stimulante obligation, lui qui retrouvait, un an après, des Irlandais dont l'appellation avait changé. Car la province du Munster avait succédé à celle de l'Ulster, mais l'obligation restait la même, celle de jouer dans le meilleur mélange d'agressivité et de lucidité. « Ils sont prévenus ! » titrait *l'Équipe*. Une telle équipe avertie en vaudrait-elle deux ? Car les Parisiens revenaient un an après sur le sol irlandais, un an après avoir reçu une leçon, y compris d'humilité, des mains et des pieds de l'équipe emmenée par l'ouvreur David Humphreys (33-27). Bernard Laporte lui-même s'y était enrichi en comparant l'idée qu'il se faisait de pareille confrontation et le concret, le décalage parfois cruel qui sépare les préjugés de la réalité. Il était dit, toujours un an après, que ce Stade Français-CASG serait orphelin de Moni et de Juillet, mais la réalité, là aussi, nous semblait différente tant cette équipe vivait une sorte de travail de deuil, celui que le départ de Laporte lui avait imposé. Georges Coste ne manquait ni d'argument ni de tempérament, mais cette équipe paraissait longue à guérir, il lui manquait une gueule, des mots, une manière d'être aiguillonnée par son étrange berger. Il n'empêche, elle était pleine de grandes et grosses résolutions, cette équipe, comme en témoignaient ces mots de Cliff Mytton, son centre néo-zélandais, la nouvelle mode du rugby français. Ian Borthwick était bien placé pour en recueillir le sens le plus précis : « On ne pense qu'à se concentrer sur l'agressivité, on ne pense qu'à les châtier, les faire exploser dans les plaquages, les balayer du terrain. Pour nous, désormais, chaque match est comme une finale et il est temps de monter au créneau. » On en était encore là dans le rugby français, tel qu'il se pensait, se jouait, cette façon proclamée de « partir en guerre », surtout contre des Irlandais programmés, selon les joueurs les mieux intentionnés, pour « [leur] rentrer dans la gueule ». L'exemple de l'Ulster n'avait pas suffi, il faudrait défendre la mère patrie « en terre hostile » en oubliant combien l'adversaire jouait d'abord au rugby. Les quatre matches étaient annoncés à guichets fermés, mais c'est encore celui de Limerick qui retiendrait le plus l'attention. À Limerick, dans un stade hors d'âge, avec ses spectateurs au ras des lignes et son miraculeux silence au moment où l'adversaire s'élance pour la pénalité. On était loin d'une terre dite « hostile », mais bien au cœur,

Lâché plein champ, Christian Labit ferait toujours son effet.

PEUGEOT

Loin des
All Blacks,
Lee Stensness
vivrait une
bonne vie
en blanc chez
les champions
français.

TOULOUSE
PEUGEOT
Penauille

à la source d'un jeu qui exigeait de la vaillance et mieux que ça. Si l'endroit était d'une beauté austère, la sélection irlandaise, et ses douze internationaux, était surtout incarnée par l'irrésistible crâneur, j'ai nommé Keith Wood, tout jeu tout flamme. Oui, on allait savoir, et vite. « Attitude, discipline, possession », tels étaient les trois mots affichés dans le vestiaire du Munster. Ils resteraient, ces mots, au moment de vivre à l'air libre. Car les Irlandais allaient les appliquer en toute simplicité, au cœur même du sujet, là où les Parisiens tant prévenus les attendaient. L'exercice ne relevait pas de la farandole endiablée mais répondait aux premières règles d'aujourd'hui, les tendances du défi à répétition où doivent s'équilibrer percussions des mâles et libération des balles dans le meilleur tempo. C'est ainsi que le demi de mêlée Peter Stringer prit un plaisir le plus malin possible à organiser l'affaire derrière un pack pour le moins effervescent. Après quatre minutes, et à ce rythme de collisions dans l'axe, le trou était déjà fait, dans lequel passa l'ailier Shane Horgan. Quatre minutes plus tard, vous en reprendrez bien un autre, c'est Dominic Crotty qui améliorait la marque et la tournée. Cette fois, la géométrie fut moins directe et passa par quelques diagonales et, au bout de chaudes embardées, l'arrière échappa tour à tour à Fabrice Landreau, Diego Dominguez, Conrad Stoltz, et aplatit. Avec la transformation du grand O'Gara, l'addition atteignit 12-0. Les Irlandais réduisirent la pression mais jamais les Parisiens ne parvinrent à maîtriser un peu de jeu, une continuité. Après la démonstration du Stade de France, pour que soient fixées des limites alarmantes à un rugby, ce furent celles du Stade Français, une des meilleures équipes d'Ovalie, comme égarée, incapable de réciter son alphabet face à l'intensité. Cliff Mytton, si décidé par les mots répétés, y perdit sa mesure à l'instant de passer à l'acte et fut expulsé à la 48e minute. Les relances parisiennes furent autant de flammèches de fierté mais rien ne s'embrasa et cinq pénalités de l'impassible O'Gara portèrent à 27-10 le montant de la leçon. Et voilà comment les Irlandais, Keith Wood et leur capitaine Mick Galwey en premiers, fêtèrent avec dignité leur dernier match de la saison à Limerick. « Jouer la demi-finale à Dublin, ce serait fabuleux » : les Irlandais rêvaient d'un autre match à Lansdowne Road pour qu'un pays soit effectivement rassemblé avec, cette fois, 50 000 billets. La France, elle, avait rendez-vous à Toulouse, dans le fameux Stadium que l'on annonçait « plein à craquer ». Le rugby offert serait-il « plein à croquer » ? C'est l'AS Montferrand qui s'avancerait pour que soit mesurée la résistance au maître de l'endroit, la meilleure équipe française dans la splendeur d'un effectif débordant. Certes, l'évocation de l'ambiance s'accompagnait de certaines références, par exemple, la débâcle des Harlequins de Carling et de Lacroix en 1997 et celle du Stade Français un an après dans un quart du championnat. Entraîneur nouveau après une période obscure, où Victor Boffelli, le cœur et ses convictions à bout, s'en était allé au bout de trop de déceptions, Christophe Mombet avait dit, entre autres : « On risque moins que les Toulousains. » C'était juste en effet, mais le rugby français, lui, risquerait davantage et comprendrait une nouvelle fois que quelque chose pourrissait dans son royaume. Là où on attendait une ardente opposition du challenger, on trouverait très vite comme une soumission à la toute-puissance d'un pack. Le bloc toulousain qui avançait serait peu contrarié et établirait la large différence à l'arrivée (31-18), en dépit d'un relâchement sur la fin où les Montferrandais marqueraient un deuxième essai, soit un de plus que leurs maîtres à ce bord. La volonté des champions de France de ne pas trop perdre de ballons, donc de réduire les rayons d'actions, avait abouti à une séance de contrôle, comme le symbole de la poigne qui enserre le rugby français et parvient toujours à l'étouffer. Cependant, Olivier Magne, le capitaine d'en face, tour à tour irrité et désemparé, oserait objecter que celle-ci n'avait pas besoin d'y ajouter l'usage de fourchettes en passant. Et chacun, une nouvelle fois, de tousser sous le vent mauvais.

C'est David Wallace qui passe, et c'est le Stade Toulousain qui peut méditer ses sentiments de supériorité.

GILBERT
of Ireland
EUGE

Faces contre faces, la première ligne restait à lire et à vivre entre ceux de Toulouse et ceux du Munster.

Bank of Ireland

La leçon d'irlandais

Le Stade Toulousain devait passer en tête dès la sortie de l'urne au tirage au sort et y gagner un premier avantage, celui de recevoir le Munster à Bordeaux, un endroit qui ne lui était pas familier, mais où ses supporters pourraient se montrer supérieurs en nombre aux Irlandais. La seconde demi-finale, elle, opposerait les Anglais de Northampton, vainqueurs difficiles (25-22) des Wasps après avoir profité de deux coups de sifflet généreux de l'arbitre Clayton Thomas, aux Gallois de Llanelli. Telle était la première impression à propos de la position des Toulousains. Certes, il était de bon ton de rappeler que le Munster comptait sept des vainqueurs du quinze de France à Saint-Denis (Clohessy, Wood, Hayes, Galwey, Foley, Stringer, O'Gara), mais l'on pouvait agiter d'autres références qui confirmaient pour les Français le côté toujours délicat d'un voyage en terres irlandaises. Les Toulousains en gardaient un souvenir brûlant, eux qui s'étaient inclinés sur l'herbe de l'Ulster un an auparavant. Et la séance subie par le Stade Français à Limerick agissait encore dans les esprits. L'inévitable mot clé, « méfiance », pouvait être ressassé, une équipe aussi fière de ses couleurs et de son palmarès possédait assez de ressources humaines et techniques pour donner son meilleur, l'imposer. Non, les Irlandais hors de leurs paysages ne pouvaient pas être regardés comme des envahisseurs, pas davantage comme des mercenaires auxquels on devrait céder le territoire, fût-il bordelais. D'autant que ces Irlandais invoquaient eux-mêmes les surcharges d'un calendrier. « Franchement, sur les six tirages possibles, c'est la demi-finale la plus difficile que l'on pouvait imaginer. » L'entraîneur Declan Kidney n'essayait pas d'endormir l'opposant avec de bonnes vieilles complaisances, il disait vrai, et tout le monde le pensait. Méfiance... Méfiance... D'un même élan, il était même possible d'y ajouter la peur, selon le principe que rien n'est joué d'avance, surtout avec ces sacrés Irlandais, vous connaissez le refrain et les couplets. Tout cela était honnêtement joué mais le témoin neutre s'approchait de ce rendez-vous avec la conviction que, faute de grande opposition en France, les champions auraient bien besoin de Wood et des siens pour en savoir un peu plus sur leur compte. Ils seraient servis, les amis. Leur entraîneur en premier, avec son masque de belle inquiétude, son rappel constant à la rigueur, sa manière inlassable de combattre tout relâchement. Guy Novès en personne se préparait à ne pas être déçu. Dans *Midi olympique*, il gagnait un titre de plus où l'on pouvait lire : « Celui qui gagne a raison. » On pouvait, de l'autre côté, dans la tribune, ne pas partager ce postulat, mais il situait le bonhomme, son exigence. Plus loin, on remarquait : « Le spectacle est lié à la prise de risques. » Ainsi que ce passage : « C'est le match rêvé pour mes joueurs, digne d'un grand match international. » Deuxième ligne de sa province du Munster depuis douze ans, capitaine et plus encore, Mick Galwey annonçait dans *l'Équipe* : « Notre confiance s'est renforcée. C'est pourquoi je pense que nous sommes capables de réaliser un grand match. » C'était à lire, ce serait à voir. Ce fut lumineux, tant la meilleure équipe du championnat devait s'aligner sur les dernières lignes de forces et de faiblesses des Français, à l'instant d'être comparés à des Irlandais. En deux ans, les uns et les autres, équipes nationales et équipes de clubs ou

Plus haut, plus fort : verdict d'une photo où s'opposent Franck Belot et John Langford.

Le Bouclier européen serait une affaire entre Français. La Section Paloise et Nicolas Bacque en feraient la preuve par l'essai.

LA DÉPÊCHE
GILBERT
PIERRE
FABRE
15

de provinces mêlées, s'étaient rencontrés neuf fois, et les Français, en d'autres temps si sûrs et si dominateurs face à ces braves Irlandais, oui, les Français étaient sortis une seule fois vainqueurs, à l'ouverture du Tournoi 1999. Et encore, il était bon de rappeler que pareille victoire avait été obtenue à un point, avec l'appui d'un ultime coup de vent mauvais pour les Irlandais. Car la province du Munster, ce jour-là à Bordeaux, devant près de 30 000 spectateurs, par « temps beau et lourd » selon les communiqués, cette province rossa la ville rose, pour tout dire la surclassa, dans les mains, dans les têtes, sans oublier les pieds de Ronan O'Gara. Celui-ci devait même ajouter à ses 16 points de buteur un essai de galopeur au bout d'une longue séquence de rugby d'attaque. Nul ne le saura avec certitude, pas même les premiers intéressés, mais les Toulousains donnèrent l'impression, pareils aux Néo-Zélandais de Twickenham contre les Français, qu'il leur aurait suffi de produire leur jeu habituel pour contrôler l'adversaire et la situation, le temps et le score. Il est vrai que tant de confrontations franco-françaises les y avaient préparés, avec une manière implacable de passer devant et d'y rester, mais pareille démarche invitait à un sentiment de supériorité qu'il leur fut impossible d'éliminer dans l'urgence. Le déroulement de la rencontre fut limpide, il indiqua combien les Toulousains paraissaient certains de s'en sortir. C'est ainsi qu'ils virèrent en tête à la mi-temps (15-11), grâce à cinq réussites dans les pénalités de Michel Marfaing et de Stéphane Ougier, sans cesser de ressembler à ce qu'on savait d'eux mais incapables de rehausser leur jeu. Car l'opposition, tant technique que physique, leur demandait plus de force, de vitesse et d'habileté qu'à l'ordinaire. Et cette difficulté insensiblement les déréglait jusqu'à la confusion dans les actions où les fautes de mains s'accumulaient. L'étage supérieur ne leur était pas accessible. Les Irlandais, pour leur part, s'y retrouvaient souvent sans manifester la mondre fébrilité. Un avant-goût viendrait dès la 8e minute après un contre et cinq temps de jeu pour un essai de John Hayes. Et encore, ces Irlandais ont assez vite perdu la verdeur de Wood, diminué et obligé de sortir à la pause. Mais il restait quelque chose de frais et de vif, d'espiègle même, dans cette équipe du Munster face à un ensemble toulousain empêtré dans de soudaines difficultés à s'exprimer hors des habitudes, hors de son confort. Il y eut un premier virage où les Irlandais se retrouvèrent à quatorze après le carton jaune de Mullins. Ce sont pourtant eux qui profitèrent de ces dix minutes pour marquer trois points (18-17). Mais le plus édifiant était à venir. L'arrière Crotty récupéra le ballon et, s'ils jouèrent à quatorze, ce fut seulement pour rappeler qu'il s'agissait du nombre de passes effectuées. Et O'Gara s'engouffra (62e). Quatre minutes plus tard, Cazalbou, obligé de s'en remettre à des improvisations, vit sa transmission interceptée pour un troisième essai. Et ce fut misère de voir le même, en une valeureuse initiative, profiter d'un trou pour fixer d'un essai, le premier toulousain et le dernier, la marque à 31-25. Il y eut forcément beaucoup d'explications pour refaire le match, le justifier. Et l'on renoua avec une tendance dont les Français n'ont peut-être pas l'exclusivité mais qui n'en finit pas de nous gêner, celle qui revient à dire que l'adversaire n'a pas gagné mais que l'on a en réalité perdu, oui, que l'on s'est battus. C'est ainsi que le capitaine toulousain Franck Belot, dépositaire de la sagesse des champions de France, répéta : « On s'était préparés à rencontrer un gros morceau, mais on n'avait pas la trouille de l'adversaire, on n'avait pas cette peur de se faire manger tout cru. Autour de nous, les sirènes d'alarme n'ont pas fonctionné et on n'a pas été capables de se réveiller tout seuls. » Guy Novès, comme pétrifié par une humiliation, lâcha entre les dents : « Un tel déchet dans le jeu à la main, c'est du niveau de deuxième division. » Dans le même temps, Bernard Laporte, revenu dans le même temps du Super 12, épaté et édifié, distribua quelques fortes paroles avec l'espoir d'alarmer les mentalités. Il parla d'un autre monde. En attendant d'y accéder, le rugby français pouvait toujours se donner l'ambition d'accéder au niveau de celui des Irlandais.

John Kelly en avance et c'est le Munster qui suit. Les Toulousains se croyaient toujours dans un championnat de France qu'ils maîtrisaient.

Et toujours Keith Wood dessiné et lancé comme un obus.

HEINEKEN
CUP FINAL
2000
Church's

Un gros cœur anglais

L'épopée des Irlandais continuait. Oui, poussons, poussons le mot et défions l'excès pour ces joueurs bien-aimés auxquels l'encre sympathique est toujours réservée. Un an auparavant, c'est tout l'Ulster qui s'était déplacé pour rester en famille, pour entrer dans Dublin comme en pays conquis. Et c'est Colomiers qui avait été bouleversé, renversé. Le rugby irlandais s'en était donné à corps joie sur cette lancée, mais on l'avait vu à son tour dérouté par un quart de finale de Coupe du monde, si attendu, contre les Français, un match qu'il avait peut-être trop joué en pensées avant que d'y être invité. C'est ainsi qu'une nuit lensoise avait été gagnée par les plaintes envoûtantes du tango argentin pour laisser sur le pré les derniers espoirs irlandais. Je me souviendrai toujours de ces ultimes rendez-vous des mêlées où ils poussaient à quinze mais ne passaient pas. Depuis, les Irlandais du Tournoi avaient retrouvé la France sur des airs de victoire, et le Munster avait dérouté les Toulousains surpris en flagrant délit de suffisance. Nous allions les retrouver, ces Irlandais chéris, pour une finale elle-même déroutante aux yeux des Français, puisque, pour la première fois, ils en étaient privés. En face se tenaient les Anglais de Northampton, leur gros pack et leur manière de revenir de loin pour battre, par exemple, les Wasps (25-22) et Llanelli (31-28) dans les dernières minutes. Il serait cependant recommandé à ces Anglais de savoir récupérer, eux qui sortaient de trois semaines éprouvantes, dont les Français si effarouchés par le calendrier n'avaient pas idée. En effet, l'équipe inspirée par Pat Lam, bon gros bébé dont l'épaule avait bobo, venait de jouer dans le même temps quatre matches décisifs pour voir les titres du championnat et de la Coupe d'Angleterre lui échapper. Certes, pour s'être imposé une semaine avant cette finale sur les terres de Newcastle, Northampton était assuré de jouer la prochaine Coupe d'Europe. Il y avait là du soulagement, mais c'est ailleurs que devait être pêchée la fameuse motivation. Le simple fait de rappeler que ce club vieux de cent vingt ans n'avait pas encore gagné de trophée y avait suffi. À part ça, on vous le dit, les Irlandais de notre très estimée connaissance Keith Wood avaient tout pour se sentir pousser des ailes, ne serait-ce qu'avec les soixante-quinze avions qui s'étaient déplacés jusqu'à Londres dans un vertige de vert. Twickenham, qui s'ouvrait à sa première finale de la Coupe d'Europe, était plein, non pas à craquer mais à croquer, comme le fruit irlandais. Par ailleurs, il ne manquait pas de jus, ce fruit, et Wood en débordait qui dévalant sur une aile pour provoquer un superbe essai de Wallace. À la mi-temps, Munster était devant (8-6), mais les Anglais de Northampton pouvaient s'estimer lésés : ils s'étaient imposés devant et avaient beaucoup entrepris pour peu concrétiser. Ils reviendraient à l'avant pour permettre à Grayson, en une troisième réussite au pied, de fixer le plus court des avantages (9-8). Mais il restait trente minutes à vivre et à jouer, ce dont les Irlandais se chargeraient avec, à leur tête, un Wood déchaîné. Mais ils furent contenus, contrés, et déjouèrent. D'un point, d'un souffle, Northampton réussissait là où Toulouse, un cran et un cœur en dessous, avait échoué. Les Irlandais avaient surtout fait mal à l'orgueil français, à ses convictions et à ses idées.

Ben Cohen et Northampton resteraient devant au grand rendez-vous des vaillants.

GILBER
Bank

Championnat de

France

Le dernier champion de France restera comme le plus renversant par la grâce et la force déployées collectivement par l'équipe du Stade Français-CASG réduite au « seul contre tous », à la suite d'une querelle de famille doublée d'une crise de croissance. En effet, les joueurs, jamais tout à fait remis du départ de Bernard Laporte, ont précipité celui de son successeur, Georges Coste, en cours de saison. Voilà comment, au bord du gouffre, ils se sont resserrés pour vaincre le rival intime, le Stade Toulousain, et retrouver le bouclier qu'ils avaient conquis en 1998. Colomiers, en dépit de son énorme mérite, en fit les frais à l'issue d'une finale d'été rebondissante et endiablée.

UPSA
COTTON OXFORD

Salut à Deylaud

Le Championnat avait été long, vous connaissez la chanson, beaucoup de joueurs s'en étaient plaints, vous connaissez le refrain. Et avec ça, au bout d'un parcours éprouvant pour les esprits et les effectifs, après un épisode franco-français où les meilleurs clubs orphelins de leurs internationaux avaient obtenu des délais, un obstacle très spécial serait imposé pour que soient désignées quatre équipes promises aux quarts de finale. Officiellement, ce supplément au programme d'un Championnat de France toujours à la recherche de la clarté s'intitulerait « tour qualificatif », ce qui déboucherait sur deux autres appellations, vrais barrages pour les uns, faux huitièmes pour les autres. Les quatre qualifiés à l'issue de la première phase étonnaient peu pour les trois premiers d'entre eux, le Stade Toulousain, Pau et Castres. C'est le quatrième qui surprenait, non pas pour sa réputation qui en faisait le premier rival des tout-puissants Toulousains, mais pour la façon dont il s'y était pris. En effet, le Stade Français-CASG, en pleine crise de croissance doublée d'un gros chagrin après le départ de Bernard Laporte, s'était lancé dans une opération d'autogestion. Et les mêmes, à l'orgueil et au culot, avaient réussi à se sortir du piège qu'ils s'étaient offert jusqu'à décrocher une manière d'exploit avec une ultime victoire à Auch, qui leur permettait de se faire une place dans le quatre majeur. Le Stade Français pouvait donc attendre et voir, par exemple, le nom de son adversaire des quarts, l'affaire devant se régler entre Agen et Perpignan. Notre vieux faible pour les Agenais, leur manière de brasser du jeu, faible que l'on ressentait également pour les Pau et Colomiers des dernières années, devait souvent se manifester, tant les mêmes, en certaines occasions, se montraient habiles et déroutants. Il est vrai qu'ils avaient recueilli à l'ouverture l'un des joueurs les plus intelligents qui soient, les plus exposés aussi par sa capacité à se livrer en défense jusqu'à l'excès, je veux parler de Christophe Deylaud tout bourdonnant d'idées et de vieux coups. Les Catalans, qui s'étaient sortis d'un premier parcours très tourmenté jusqu'à vaincre chez leurs rivaux narbonnais, avaient retrouvé du cran, et même de l'allant pour décrocher dans les dernières secondes une victoire (33-32), pleine de fortes vibrations. Une pénalité de Bellot, et c'est tout Perpignan, avec à sa tête un émouvant Didier Camberabero, qui se plongerait dans le bleu de son maillot. Et ce sont Benazzi et Benetton qui ajouteraient une couronne de regrets à leur carrière déjà bien fleurie. De son côté, Biarritz avait passé le barrage en force (37-24), celui que les Dacquois s'étaient ingéniés à déployer, pour ce qui serait le nouveau dernier match de Richard Dourthe annoncé à Béziers après un premier départ vers le Stade Français. Il fallait toujours faire confiance à Colomiers, à sa vivacité, et même à sa débrouillardise dans la mêlée. C'est Bourgoin qui en ferait les frais pour s'incliner (18-20), alors même que la puissance de son pack serait annihilée par les trois dernières mêlées, devenues, à la suite du remplacement des piliers adverses, autant de simples remises en jeu. Enfin, ce serait misère que de voir les Brivistes s'empêtrer dans de tenaces difficultés et s'incliner (23-41) devant des Montferrandais qui les avaient contrôlés, main à main, pied à pied.

Jean-Baptiste Rue soulève Frédéric Cermeno mais, ce sont les Agenais qui seraient retournés par de bouillants perpignanais.

Olivier Magne s'efforça de trouver une sérénité et de la diffuser. Mais pour lui et les Montferrandais le chemin était encore long et empierré.

COTTON OXFORD

L'Auvergnat sans façon

Pour Konieck, Whitford et les Perpignanais, l'obstacle du Stade Français sera plus dur à renverser.

Si les Montferrandais avaient renvoyé avec assez d'autorité les Brivistes à leurs vieux doutes, ils le devaient pour une bonne part à leur demi de mêlée, l'un des plus efficaces de la planète rugby, l'Italien Alessandro Troncon. Or, leur meneur casqué, qui occupait si bien le débat autour de la mêlée, serait suspendu par sa fédération pour avoir refusé de partir en tournée avec l'équipe nationale. Voilà comment, cette équipe de Montferrand, en dépit de la qualité de son effectif, de tous les efforts fournis pour remettre en confiance Olivier Magne, un moment menacé par une sorte de dépression où s'exprimait le désamour d'un rugby et du pays, cette équipe-là, entraînée par trois hommes, après le départ d'un Victor Boffelli à bout de passions et de patiences, paraissait encore tourmentée, à côté de certains sujets. Les Palois n'étaient pas dans l'euphorie, qui s'interrogeaient beaucoup sur leur avenir, mais ils paraissaient mieux disposés, plus aptes à appliquer le jeu qui avait plusieurs fois séduit au cours des dernières traversées. Ils le démontreraient dès la quatrième minute par une pénalité vivement jouée par Frédéric Torossian, jusqu'à l'aile de Laurent Arbo pour le bel essai en coin. Le ton était donné, celui d'une plus grande habileté d'Aucagne et des siens, d'une plus grande sérénité aussi, qui permettrait à une équipe de rester devant. Elle s'exposerait cette équipe et resterait à portée du boomerang tel que le pied droit de Gérald Merceron le représentait. Il passerait cinq buts et le dernier, à cinq minutes de la fin, déposerait son équipe à un point (28-27). Mais ce point d'avantage qui le resterait donnerait un score un peu menteur, d'une grande générosité pour ces Montferrandais qui avaient laissé l'impression d'aligner leur jeu sur une saison, soit une manière de jouer par coups d'éclat, comme ceux de Magne ou d'Azam, mais sans grande continuité. Dans la fournaise de Bègles, les mêmes apprendraient qu'ils ne seraient pas européens, et Christophe Mombet, premier des responsables techniques, dirait sobrement : « J'assume l'échec à 100 %. » Pour sa part, Olivier Magne, désigné comme capitaine, n'en rajouterait pas, comme s'il lui semblait que tous les reproches adressés à son club mais aussi au rugby français venaient de se justifier. Il lui restait cependant à donner encore un peu de hauteur à ses attitudes pour devenir le seigneur attendu. Et voilà comment, les Castrais surent avant d'entrer sur le terrain des Sept-Deniers que la qualification pour l'Europe était chose faite. Il n'y avait pas là de la graine de stimulant pour se mesurer à un Colomiers revenu à son meilleur rythme. Ils eurent beau répéter que l'annonce de cette qualification sans jouer ne les avait pas influencés, il fallut bien donner des explications à l'absence de ressort de ces jeunes gens. Et parmi ceux-ci se trouvait précisément celui qui en possédait le plus dans le pays, je veux parler de ce vif-argent de Thomas Castaignède, qui en finissait avec ce club avant de passer chez les Anglais de Saracens, lesquels, après Philippe Sella, accueillaient l'un des meilleurs Français, son sourire de jouvenceau et ses étincelles sous les crampons. Durant une heure, non pas bonne mais plutôt longue, d'un but d'ouvreur à l'autre, de Castaignède, pas très précis, à Skrela, l'autre, le petit, le David, la partie se joua avec de la grosse volonté mais sans trop d'idées.

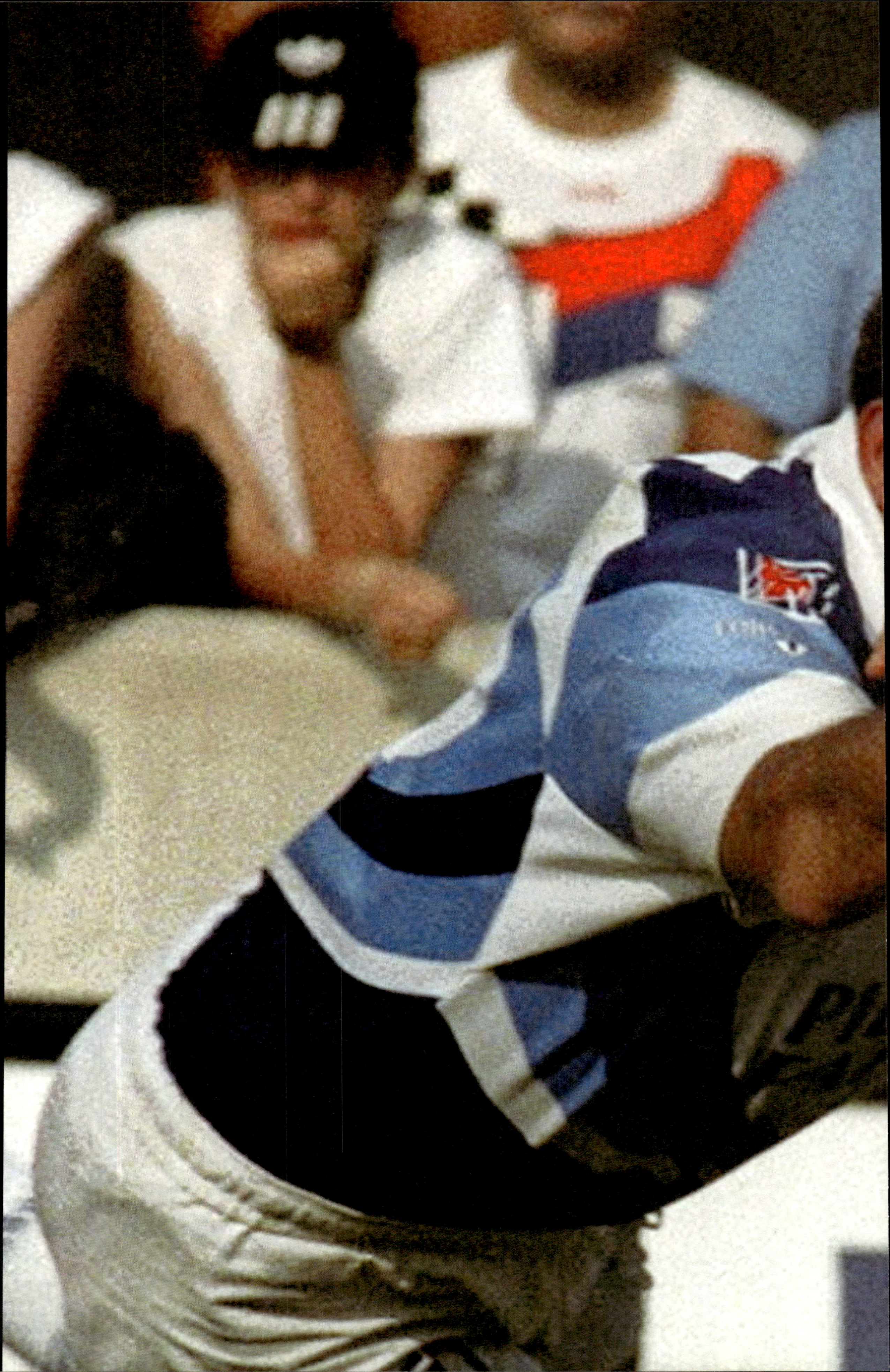

Fabien Galthié sut enflammer Colomiers avant de céder à une nouvelle adversité.

itineris

Les Castrais menaient à la mi-temps (12-9), mais l'on attendait autre chose, un peu de talent pour relayer le savoir-faire. Ce quelque chose vint de Fabien Galthié, de sa ruse et de sa lucidité. C'était la 70e minute et le demi de mêlée, distingué par trois Coupes du monde, marqua un temps d'arrêt, feinta, puis s'engouffra pour une échappée, dont le centre Sieurac profita. Contre le vent, les Columérins s'étaient montrés à la hauteur de ce que l'on aimait chez eux, un esprit d'initiative, le désir d'alterner entre le large et le près, le plaisir de varier pour eux et ceux qui regardaient. Ils s'offrirent en supplément une relance sur 80 mètres, et le talonneur Christophe Laurent se comporta en véritable attaquant pour lancer son ailier Roque sur l'herbe d'un deuxième essai. 29-15 pour l'équipe de Jean-Luc Sadourny, tel serait le prix. La douleur viendrait de la nouvelle vision d'un Galthié surpris, meurtri, qui devina, entorse à l'appui, que la suite de l'aventure ne serait pas pour lui.
Le lendemain, ce fut d'abord l'affaire des étonnants et des déroutants, ceux de Paris et de Perpignan. Les Catalans, sur la lancée de leur victoire contre les Agenais, avec leur centre et nouvel international Frédéric Cermeno, vingt et un ans, une interception et un essai, pour les propulser, espéraient faire jouer leur fougue et profiter de deux ou trois fugues. La Ligue avait ajouté à leur droit d'espérer en désignant le stade de Colomiers, lequel se tenait dans une banlieue qui était moins que jamais celle de Paris. Le sang et l'or assureraient le décor et, sur la fin, pollué par un mauvais dépit, laisseraient quelques traces loin du sport. Le sang des Parisiens, lui, paraissait froid et le geste suivait pour endiguer les vagues bouillonnantes.
Car les Perpignanais écumaient, au sens où leur rage de vaincre deviendrait peu à peu, pied à pied, celle de perdre. Et Diego Dominguez, impeccable, et mieux que ça, organisa la distribution, la répartition. À chaque incursion dans les eaux catalanes, les Parisiens marquèrent, à commencer par un essai de Conrad Stolz. De la sorte détachés, les Parisiens, où Christophe Juillet prenait date et baignait, montraient assez d'assurance dans les lignes, contrôlaient le score et les nerfs. Des peurs, cependant, couraient les travées ; à la ferveur de beaucoup succédait la fureur de quelques-uns. Une sale vision, comme un lugubre reflet de football, s'imposa et la victoire 25-15 des Parisiens ne fut pas sans bavure.
Au prétexte que l'arbitre Roger Duhau n'avait pas été à la hauteur de tant de fierté, il y eut des bassesses dont le rugby pouvait s'inquiéter. La peur, à Tarbes, fut seulement toulousaine, tant on vit les champions à la peine. En face se tenaient des Biarrots vibrants qui poussèrent le Stade Toulousain à la prolongation, dans le même temps où la France du football vivait sa lutte finale dans le Championnat d'Europe. Ce n'était pas la première fois que le champion souffrait en quart de finale, mais tant de tentatives laborieuses pour crever le rideau défensif de Biarritz, tant de ballons portés, de solutions étouffées nous rappelaient les mêmes contre les Irlandais de Munster. À coups de pénalités, et surtout de sacrifices dans toutes ses lignes, les Biarrots se donneraient toujours les moyens d'espérer, jusqu'à ce retour d'un 18-9, qui, en d'autre temps, eût marqué un avantage suffisant pour les Toulousains. Un homme que Bernard Laporte avait appelé, mais que le Tournoi n'avait pas élevé, un homme casqué et ardent devait symboliser l'humeur biarrotte.
Ce fut Serge Betsen, au four, au feu et au moulin. Et il y eut à l'heure vespérale cette supplique du cher capitaine Gonzalez : « Il nous faut une bonne mêlée », pour émouvoir, laisser à penser que Biarritz parviendrait à retourner le colosse, au pied de moins en moins agile. Mais la prolongation laissa à Christian Labit le dur plaisir d'en finir, ce que Cédric Desbrosses, sur une passe il est vrai imparfaite de N'Tamack, n'avait pu s'offrir. Le contournement d'une dernière poussée, d'un dernier souffle, ne fut pas un couronnement, tout juste un soulagement, 28-18 pour le puissant. Quelque chose, toutefois, ne tournait pas ovale chez les Toulousains. On en reparlerait le dimanche suivant.

Gregory Sudre prit le relais de Frédéric Torossian, avec beaucoup d'allant.

diesel

10

Ce sont David Skrela et le Colomiers qui volent vers Saint-Denis.

KooGa
itineris
EPSPORT
elf

Pau en manque

Ce n'était plus le championnat cassoulet, ni le rugby popote, mais la bonne franquette persistait encore çà et là. Les deux équipes pouvaient en témoigner, mais il convenait de faire vite avant de constater que le professionnalisme, celui des transferts et des gros traitements, des surenchères et du tout rendement, changerait les mœurs, les durcirait très loin derrière les footeux gavés et bienheureux, mais avec la tentation de les imiter. Les Palois vivaient leur fin de saison comme la fin d'une vie de famille, le passage de l'ancien au moderne se ferait au prix de départs forcés et d'arrivées bien payées. Il s'agissait pour le fils Torossian qui en finissait, et quelques autres qui le suivraient, de s'offrir un tour de plus, si possible un tour de plaisir avant l'apothéose à Saint-Denis. Du côté de Colomiers, il était encore et toujours question d'étoffer un palmarès et d'étouffer une appellation, d'ajouter une finale du Championnat de France en passant et de se passer d'un statut de « banlieusards toulousains ». Les Columérins se présentaient avec un effectif élevé au pays, sans leur Galthié accablé mais avec leur Sadourny, qui mordait encore, à l'opposé de leurs rivaux de tradition, des Narbonnais, qui n'étaient toujours pas à leur niveau en dépit des efforts financiers accumulés. L'essentiel, cependant, se situait dans les dispositions de ces deux équipes, toujours bien placées pour laisser espérer un jeu encore aéré. C'est dire si on s'attendait à une partie de désir et de frustration, désir de les voir passer et courir, frustration d'en compter une sur le carreau. On ne fut pas déçu, non pas que le jeu fût à ce point une fantasia de tous les instants, mais bel et bien parce que ces deux équipes se donnèrent assez de rythme et d'espace, et même de réserve, avant un final haletant. Deux équipes, encore, si peu naïves et capables de perturber, voire de pourrir, le jeu de l'autre avec deux packs de même poids. Deux équipes très proches enfin par tout ce qui reliait deux entraîneurs comme Serge Milhas et Jacques Brunel, en dépit du passage de ce dernier chez les Palois après de généreuses saisons vécues à Colomiers. Les Columérins, qui avaient viré en tête à la mi-temps, paraissaient toujours aptes à mieux se débrouiller dans un jeu débridé, mais c'est encore Pau qui laissait l'impression la plus forte, Pau où Torossian en faisait parfois un peu trop dans l'obsession de sauver la maison. Vent dans le dos, les Palois ne parvinrent pas toutefois à exploiter les absences des Columérins en touche et restèrent à portée d'un David Skrela qui assurait son match, sans surprendre autant cependant que Fabrice Culinat à la mêlée. Ce fut le même Skrela, sa fausse lenteur et ses fausses insouciances, qui rattrapa Pau d'un bon pied à la 85e minute, pour une prolongation qui s'annonçait pleine de vibrations. Celles-ci furent d'abord paloises, grâce à une bonne complicité entre Brusque et Aucagne. Mais il était dit que les Béarnais ne sauraient pas rester fermes sur leurs acquis, et surtout que ces Columérins constituaient un drôle d'ensemble aux humeurs rebondissantes. C'est Culinat qui s'échappa et remit ça, et ce sont Aucagne et Skrela qui s'opposèrent dans le défi des drops. Le fils du grand Jean-Claude y montra une aptitude à propulser de curieuses trajectoires dont l'une, à la dernière seconde, fit monter Colomiers au paradis de Saint-Denis.

Frédéric Torossian donna une dernière fois de la voix, mais pour Pau cela ne suffirait pas.

À son habitude, Diego Dominguez orchestra le jeu du Stade Français en toute lucidité.

itineris
PEUGEO

L'usure d'un pouvoir

Il était de bon ton, avant les trépidantes retrouvailles annoncées, de rappeler les deux épisodes précédents du combat de nos titans, soit une demi et un quart de Championnat, en 1998 et 1999, la première pour le Stade Français-CASG (39-3), la seconde pour le Stade Toulousain (51-19). Et de considérer que cette demi-finale de Béziers serait une sorte de belle. On voulait parler, bien sûr, de l'enjeu d'une troisième manche décisive avec, en supplément, l'espoir d'assister à autre chose qu'à un affrontement d'aurochs, avec l'orgueil des meilleurs piliers du territoire en batterie et, au total, vingt-cinq internationaux sur le tapis. On savait, par ailleurs, d'où revenait le Stade Français. À part cela, et en dehors de toute crainte classique à voir se jouer l'essentiel sur un coup de dés, il paraissait assuré que l'affaire d'orgueil se règlerait dans les têtes et même, pour satisfaire aux traditions de virilité de ce jeu, dans les réserves d'hormones de ces messieurs. Ce sont les Parisiens qui essayeraient de trouver un peu d'air par deux grosses chandelles de Dominguez, mais ce sont les Toulousains qui prendraient les affaires en main pour amplifier la pression, provoquer la fêlure puis la rupture. Ils n'y parviendraient qu'en une occasion après que Miorin eut récupéré l'objet et libéré le sombre félin souvent habillé de la tunique du sauveur, j'ai nommé N'Tamack, l'Émile, lancé dans une ondoyante traversée jusqu'à l'essai. À 7-3 à la mi-temps pour les tenants, ladite affaire d'orgueil n'était pas bouclée, et le match garderait son âpreté, sa liberté d'action très limitée. On verrait alors des Toulousains déjà repérés, ceux du ballon porté, capables d'enfoncer, à défaut de dérouter, aptes à faire plier sinon à surprendre. Ce Toulouse était fait pour dominer au rythme monocorde de ses petites avancées, mais sa volonté d'user l'autre l'exposait à sa propre lassitude, de tant de puissance pouvait naître une lente impuissance. Certes, il ne fallait pas n'importe qui en face pour réussir à préserver de gros souffles de vie. Dans l'exercice provoqué de la résistance et de l'ardente solidarité, ceux de Paris disposaient de moyens supérieurs à ceux de Biarritz au tour précédent et, par-dessus tout, tenaient leur gros match-vérité contre le grand manitou. Pour tout dire, et même répéter, le Stade Français-CASG de Max Guazzini attendait ce moment où ils pourraient faire des Toulousains des gens moins arrogants. Il y avait de la rage froide dans les moteurs. Et Paris, s'il eut chaud et continua à se passer les seaux, ne brûla jamais. Il fallut, comme souvent, que l'adversaire fût généreux dans certaines occasions pour aider à consolider l'espoir. Le buteur toulousain Michel Marfaing y contribua par plusieurs échecs dans le vent. Sur ce, le Stade Français se fit plus remuant au large, et Christophe Dominici prépara son meilleur poison. Labit le cravata, ce qui lui valut du jaune, mais son équipe dut réviser son rugby à quatorze. Et les Parisiens revinrent à hauteur sur une poussée de tout le pack, qui déposa Marconnet dans l'en-but. Voilà qui appelait le contre, le coup décisif, le KO. Il vint à deux minutes de la fin du même Dominici comme dans un songe de Twickenham, après un coup de pied bien contrôlé de l'arrière Stolz. Une ultime escapade de Franck Comba ajouta à la cruauté avec, à nouveau, un score (30-13) à l'excès. Du haut de son énorme palmarès, le Stade Toulousain avait chuté. Il lui restait à restaurer son jeu et sa santé.

Michel Marfaing et les Toulousains finirent par trouver le terrain et le temps longs. Franck Comba et le Stade Français sur la fin prirent la clé.

TOULOUSE
iFB
GEOT
Penauille
IPPO

itineris

Jean-Luc Sadourny se donna de belles raisons de vivre un grand soir. Mais le Stade Français réduisit son espace de liberté jusqu'à l'étouffer.

LNR

Le grand soir des mutins

La moralité de la fable était assez simple à souligner, la plus longue saison de rugby français en finissait. Il convenait d'ajouter, sans simplicité cette fois, que le siècle lui-même en faisait autant. Et l'on pouvait rappeler que cette saison avait commencé onze mois auparavant, à l'instant où une Coupe du monde ouvrait sa finale à des Français eux-mêmes bouleversés. Un Championnat qui recouvrait de la sorte deux saisons, débutait dans un parfum de sable chaud et terminait dans une odeur de pétard au lendemain du 14 Juillet, oui, un Championnat pareil ne pouvait être que français. Il s'était encore distingué par une fastidieuse bataille de poules avant de passer à quelques combats de coqs et ne pouvait qu'aboutir à un final entre deux équipes assez singulières et même aventurières. C'est d'abord Colomiers qui avait rencontré une mer agitée avec son pilier Nonès, suspendu deux ans pour une fourchette que nul n'avait retrouvée dans le témoignage de la télé puis s'était compliqué la vie avec la poussée par-dessus bord de son entraîneur Henri Auriol. Mais les deux affaires, selon une règle médiatique liée à des aspects géographiques et quelques mœurs parisiennes, avaient fait moins de bruit que celle provoquée par les mutins du Stade Français. Car ceux-ci avaient d'abord occupé la scène d'Ovalie par leur manière de subir une séparation, pour tout dire un enlèvement, quelque chose qui relevait de l'intime d'une équipe dominée par l'esprit du père. Bernard Laporte était passé de ses projets parisiens à un destin national. L'équipe de Max Guazzini, ses grosses épaulettes et ses paillettes, ses parentés avec le show-biz et ses tentations de football américain, sa volonté d'originalité à tout prix, s'était risquée à l'autogestion, une petite révolution. Toutefois, l'expérience lui vaudrait le plaisir de serrer les rangs, avec l'obligation de révéler les plus fortes têtes de ces messieurs sans cesser de soigner le mental au mieux. Ce n'était pas le fromage de José Bové, le mal-vivre et le mal-bouffer qu'il fallait sauver, mais une manière d'exister, de faire les rebelles, d'un pack, d'un bloc, et de se préparer des souvenirs épiques. On aura compris que cette équipe baignait dans la plus forte dose d'orgueil qu'elle pouvait sécréter, que tant de sentiments rassemblés dépassaient ce qui fait, à l'ordinaire, l'ambition d'une collectivité. L'indispensable solidarité exigée par ce jeu où chaque centimètre est une conquête serait décuplée par la taille du défi. C'est ici que cette finale devenait très intéressante, car l'équipe de Colomiers, de toutes celles qui s'étaient distinguées dans le dernier Championnat du siècle, paraissait la plus apte à troubler cet ensemble solidifié par la fierté de tenir pour soi, mais aussi contre les autres. Non seulement les Columérins pouvaient bien jouer et, rareté, sur les côtés, mais ils avaient démontré que la malice ne leur manquait pas au moment de faire déjouer. Et puis cette même équipe affichait depuis des années des vertus qui tenaient à des attitudes, à côté de quelques égarements, et à des fidélités, on pensait à celles de Jean-Luc Sadourny et Fabien Galthié, mais aussi à celle déployée par le fils d'un des plus beaux guerriers de ce jeu, ce cher Sam Revallier. Voilà comment Jean-Philippe Revallier, trente-deux ans, se préparait à jouer son dernier match avec Colomiers, avant de s'en revenir au pays, dans la ville où il était né, celle de Bernard

David Skrela passa par tous les états. Une première finale comme un parcours initiatique très ingrat.

Patrick Tabacco et Pierre Rabadan, des deux côtés la main-d'œuvre était qualifiée.

UNIVERSAL

Laporte par ailleurs, Gaillac, pour la nommer. Toutefois, il eut été injuste d'opposer à ces douceurs rurales les vices de la ville, à un rugby pépère un sport de mercenaires, aux bons de Colomiers les méchants du Stade Français. D'autant que la troupe de revanchards domiciliée à Jean-Bouin s'était ingéniée à montrer bien des forces morales après le violent divorce provoqué auprès de Georges Costes, où elle avait peu apprécié qu'un confrère d'excellente capacité, Bertrand Bourgeault du *Parisien*, eut le réflexe de faire son métier, celui d'informer. On y était en ce samedi des paradoxes, où deux chaînes de télévision, France 2 et Canal+, étaient sur le pont pour assurer le direct, et une affluence discrète garnissait les hauts balcons. Il y manquait des couleurs pour un temps et un journaliste pour toujours, car Jean-Jacques Simmler s'était effacé. Il faudrait beaucoup de générosité à ce jeu pour combler les vides et faire oublier la réduction des passions, tant les cercles des supporters s'étaient rétrécis sous l'effet d'un rendez-vous déplacé. L'affiche, dans ses caractéristiques opposées, tint ses premières promesses, les Columérins étaient prêts à se donner des ailes et les Parisiens du corps au plus près. Le ballon était le plus souvent à Colomiers, qui veillait à le faire courir plutôt qu'à courir après lui. Il convenait pour Sadourny et les siens de déranger cette grosse ligne par une alternance de coups à la main et au pied, telle que David Skrela parvenait à la maîtriser. Les 3 200 supporters de cette équipe pour une ville de 29 000 habitants pouvaient s'émouvoir. Mais deux ou trois initiatives des Stadistes, surtout marquées par la vivacité de deux compères, Comba et Dominici, indiquaient que l'épreuve serait délicate. Il y eut, cependant, un éclair bleu, une maladresse en même temps qu'une fulgurance, pour que l'avantage soit à Colomiers. On avait beaucoup parlé avant cette finale des difficultés du Stade Français dans les touches, des réglages qu'elles avaient nécessités. Aussi, on resta perplexe devant un lancer stadiste à cinq mètres de la ligne, intercepté par le talonneur de Colomiers pour que soit lâché dans l'en-but le frère de l'Émile, un Francis N'Tamack déjà remarqué.

Dans la nuit de Saint-Denis, ce fut aussi Sang et Lumière pour Christophe Moni.

On allait voir si les Parisiens, sitôt menés 6-13, avaient du répondant. Huit minutes plus tard, aux portes de la mi-temps, Franck Comba libéra une nouvelle étincelle, feinta la passe, donna à l'arrière Stoltz, qui surprit Sadourny et servit d'un bras souple le Dominici de partout et de Saint-Denis : essai. Le Stade Français était remonté, pas seulement dans les têtes, et c'est Laussucq qui, très vite, se rachèterait de quelques approximations pour offrir sa meilleure rage de marquer à ses partenaires. Avec la transformation d'un Dominguez toujours rassurant, l'avance passerait à 21-13. David Skrela, tracassé par son genou gauche mais qui tenait à poursuivre, passa une pénalité, sa dernière. Deux échecs d'affilée en bonne position priveraient Colomiers de six points bien préparés et, au bout d'une heure de jeu, le même jeune homme, décomposerait, à son habitude, un peu trop son geste sur une redoublée, pour le bonheur d'un Comba stimulé par la proie. Nul ne songeait à accabler David Skrela, passé, en une semaine, du statut de sauveur à celui de faussoyeur, chacun pensait à préserver le meilleur de sa mentalité, en prévision d'indispensables progrès, mais il était écrit que des pleurs suivraient, que le cortège de Colomiers ainsi formé serait celui des éternels regrets. Un autre échec du même au pied et le relais défectueux de Marticorena face aux poteaux enfonceraient plus encore les Columérins dans une détresse aggravée par une évidente cruauté. L'essai de l'un de ses plus surprenants atouts, Colinat à la mêlée, teinterait comme une modeste consolation. Il pouvait être répété que Fabien Galthié avait été fort bien remplacé par cette vivacité, on ne pouvait occulter ce que le demi de mêlée international exprimait au creux de la tribune sous un masque de souffrance. Il y eut, toutefois, une mêlée à cinq, avec introduction Colomiers pour donner à cette finale un supplément d'âme, un ultime retour de flamme. Précisément, l'une et l'autre laissèrent le dernier souffle à un Stade Français qui acheva ainsi son sujet, en force et en face pour un deuxième titre en trois ans, le titre qui lui resterait la vie durant pour la façon dont il l'avait bâti.

Du côté de Colomiers, le langage des visages commença à parler. Pour Jérôme Sieurac et Fabien Galthié, le rideau rouge et bleu du Stade Français avait tout emporté.

Le quinze Juillet

Par la date et par son esprit, on se souviendra de cette finale qui restera comme celle du quinze Juillet. Un stade aux deux tiers plein paraissait aux trois quarts vide, non pas par un effet d'optique mais par l'effet d'une tradition où le dernier match d'un Championnat sonne toujours comme une apothéose. Aussi, dès le lendemain de cette étrange impression de début de saison morte, Serge Blanco y allait de ses réactions de président de la Ligue : « Nous ne pouvions faire autrement que repousser la fin de saison. C'est exceptionnel et ça ne se reproduira plus. » Cependant, l'incomparable relanceur en culottes courtes évoquait un avenir où l'Ovalie, si elle voulait évoluer et regarder vers le Sud sans rougir, pouvait s'interroger aussi sur la manière d'occuper ses étés. Et de poser, au passage, deux questions : « Comment pouvons-nous raisonnablement nous mesurer au Sud si nous ne sommes pas à un stade identique de préparation physique ? Pendant qu'eux disputent les Tri-Séries et le Super 12, pourquoi ne jouerions-nous pas la Coupe d'Europe et le Tournoi ? » Oui, pourquoi ? Les réponses ne pouvaient s'écarter de la vieille réalité qui faisait du rugby une culture. Si celle-ci, souhaitait un Championnat à sa place avec une finale bien remplie, le sport et le spectacle, eux, semblaient promis à l'allongement des saisons dans le changement des dates de compétitions. Mais avant de vivre ces lentes révolutions, l'essentiel, autrement dit le jeu lui-même, réclamait quelques progrès. Si la finale entre le Stade Français et Colomiers avait été marquée par une grande bonne volonté de s'engager dans le mouvement des idées, il y avait manqué de la lucidité, de la clarté, et même, vis-à-vis de ce sport, de la loyauté. La lumière d'un match du bout du monde avait éclaboussé cette finale franco-française, la lumière venue du Stade olympique de Sydney, où, devant 110 000 spectateurs rayonnants, la Nouvelle-Zélande, après avoir mené 24-0 après huit minutes, avait battu l'Australie... 39-35, grâce à un exploit de Lomu dans les ultimes souffles. Il fallait un dernier match du siècle, les meilleurs l'avaient donné. Il eut été injuste de le comparer à une finale de Championnat, mais il convenait de s'attarder sur cette dérive française des règlements, cette manière de cultiver la tricherie en douce, ces plongeons et ces écroulements, toutes ces fautes qui n'avaient abouti au Stade de France qu'à un seul carton blanc. Il était donc urgent de se pencher sur le jeu à la française, d'en flatter la générosité, l'audace même, telle que Christophe Dominici, son talent et ses appuis l'avaient encore servi, sans cesser d'en dénoncer les fâcheuses tendances à pourrir, à détourner. Et avec ça, la Fédération et la Ligue avaient du pain noir à se partager avec les dernières flambées de fureur et de fièvre révélées dans les travées et sur les bancs. Il faudrait au rugby français ladite lucidité dont la finale avait manqué en dépit de ses beautés. Cette saison l'y invitait avec force, ne serait-ce que par référence à ses deux meilleurs ensembles, le Stade Toulousain et l'équipe de France. La puissance des packs de ces deux-là avait abouti à beaucoup d'impuissance, et les Irlandais s'en étaient délectés. Guy Novès et Bernard Laporte, les deux techniciens en pointe sur le territoire, pouvaient toujours méditer les limites des jeux de force, où l'obsession guettait de soulever les montagnes alors même que le jeu le plus excitant invitait à les contourner. Il n'empêche, on se souviendrait de ce qui était arrivé au Stade Français-CASG, de la façon dont des joueurs s'étaient organisés pour atteindre à leur meilleur et servir une collectivité jusqu'au bouclier tendu au capitaine Juillet. Il nous semblait, quels que soient les noms des entraîneurs qui l'avaient aidée, que l'équipe de France de football ne s'en était pas tirée autrement qu'à la force du caractère et du talent. Un nouveau coach, l'Australien John Connolly, était venu prendre le relais, mais la leçon tirée par le quinze Juillet invitait, elle aussi, à la lucidité.

Christophe Juillet voulait se consacrer à son club, rien que son club, le Stade Français-CASG. Il vivrait une saison haute en douleur et en couleur. Jusqu'à une nuit que lui et les autres n'oublieront jamais...

Christophe Dominici et Franck Comba tout à leur joie particulière. À cet instant, ces Parisiens étaient aussi des Toulonnais. Ils ne savaient pas encore que le Stade Français était redevenu champion, dans le même temps où Toulon était poussé en deuxième division.

Le BO et Blanco jubilent

Un régime allégé, un dégraissage du calendrier en somme, et c'est le superflu qui fondrait. Voilà comment, en une phrase surgelée, on pouvait annoncer que la Coupe de France avait vécu et, avec elle, le challenge Yves-du-Manoir qui résistait encore. Certes, le prestige de ce doublé, ou de ce seul trophée, n'avait jamais bouleversé les foules ovaliennes, mais il y avait un supplément de sentiment pour le bénéficiaire. Pour cette dernière édition, signe d'une époque vouée à la rentabilité, l'argent sonnerait. Brive et Biarritz, arrivés en finale, étaient invités à un dernier coup de reins pour décrocher la manne promise au vainqueur, soit 10 millions de francs. Vous avez bien lu, la queue du Mickey valait 1 milliard à l'ancienne, soit une somme de qualité pour qui l'arracherait. Soyons juste, l'enjeu serait aussi sportif et permettrait au vainqueur d'être le premier club français qualifié pour la Coupe d'Europe 2000-2001. Tel était le programme en ce jour d'Ascension ensoleillé dans ce parc Lescure de Bordeaux où les Irlandais de Munster avaient réussi leur dernière attraction. Les Biarrots étaient déjà aux anges, eux qui s'étaient hissés au niveau de l'élite quatre ans auparavant, et pouvaient ambitionner à présent l'Europe. On le sait, dans les belles histoires de ce jeu, on pouvait compter celle de Serge Blanco, parti de loin pour démontrer que l'arrière incomparable, l'authentique et fabuleux saltimbanque, pouvait également devenir un dirigeant efficace et puissant. Lorsqu'il avait pris la présidence du Biarritz Olympique, il était beaucoup question d'une fusion avec le voisin, l'Aviron bayonnais, pour que soit donné au Pays basque un grand club, une grande ambition. Mais Blanco avait résisté à sa façon, fait jouer son aura et ses relations, et le BO s'était mis à rêver assez haut avec, aux commandes techniques, un duo qui avait nos affections, Laurent Rodriguez et Patrice Lagisquet. Pour sa part, le CA Brive se cherchait encore et toujours. Il s'était donné une autre identité après les départs de Patrick Sébastien et de Laurent Seigne et suscitait une certaine excitation autour d'une attaque gagnée par la profusion avec ses Townsend, Matson, Arbizu, Venditti et Lamaison. Cette troupe, sous la responsabilité d'un duo intéressant, Serge Laïrle et Francis Leta, pouvait en imposer, au moins sur le papier, d'autant qu'elle était lancée par Philippe Carbonneau, aussi sombre que doué et tout juste remis des blessures qui l'avaient accablé. Et maintenant, jouez. C'est encore le mental qui ferait, pour l'essentiel, la différence, et ce sont encore une fois les Brivistes qui en pâtiraient. Ils avaient viré en tête (6-3), à l'issue d'une mi-temps très représentative de l'état technique du rugby franco-français. En vérité, les Brivistes avaient beaucoup gâché. Les Biarrots saisirent les rebonds et les occasions avec ce supplément d'enthousiasme qui faisait souvent plaisir à voir. Philippe Bernat-Salles alla de son essai tout en vivacité et contre-pied, et la réplique de Bouti sur une sempiternelle « pénaltouche » ne retourna pas la dernière tendance. L'ouvreur kiwi Franco Botica soigna la marque et sa popularité avant l'ultime essai du jeunot Couttet. Vingt-quatre à treize, le BO et Blanco avaient de franches raisons de jubiler. Une ambition prenait forme, une réputation grandissait.

Devant Laurent Rodriguez, derrière Patrice Lagisquet : le BO de Blanco était à l'écoute de noms bien-aimés.

B.O.
FFR
1079
ENCADREMENT

Regards

Raphaël Ibañez, capitaine devenu remplaçant, premier rôle, puis doublure, imposa, discret, une leçon de dignité.

**Franck Tournaire,
Marc Dal Maso,
Pieter De Villiers.
Douleur et
douceur dans
les têtes
et sur le crâne.**

Christophe Dominici, Philippe Bernat-Salles, David Skrela, des songes en hiver.

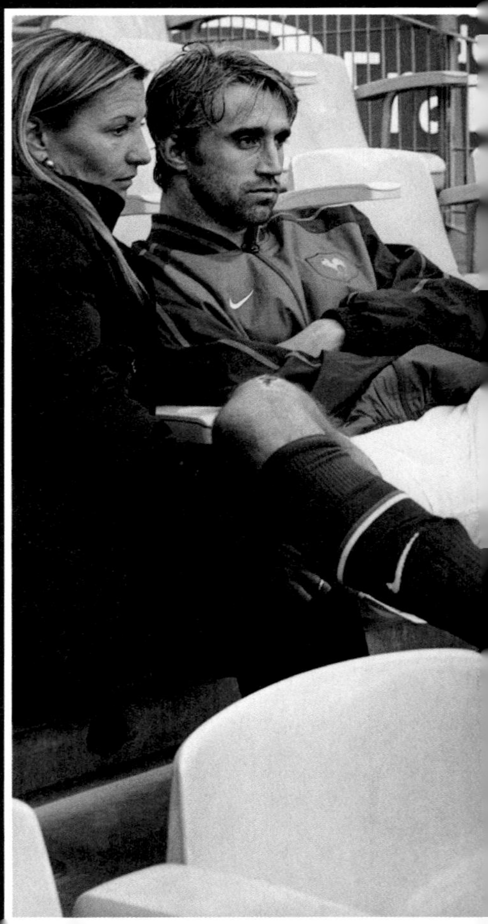

itineris
MIZU

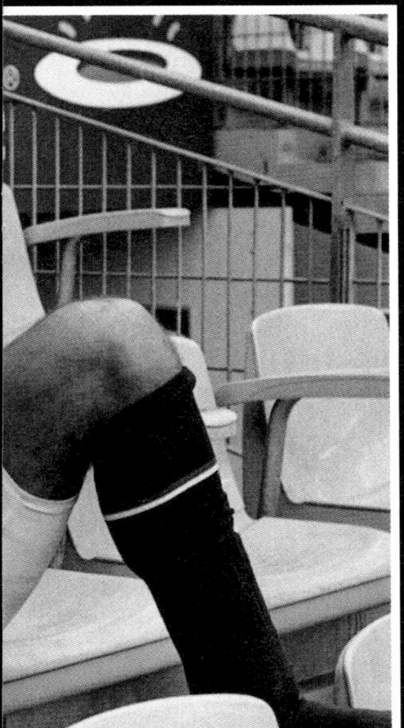

GMF
France Teleco

Allégresse
et détresse par
une nuit d'été.

UNIVERSAL

Des chiffres et des hommes

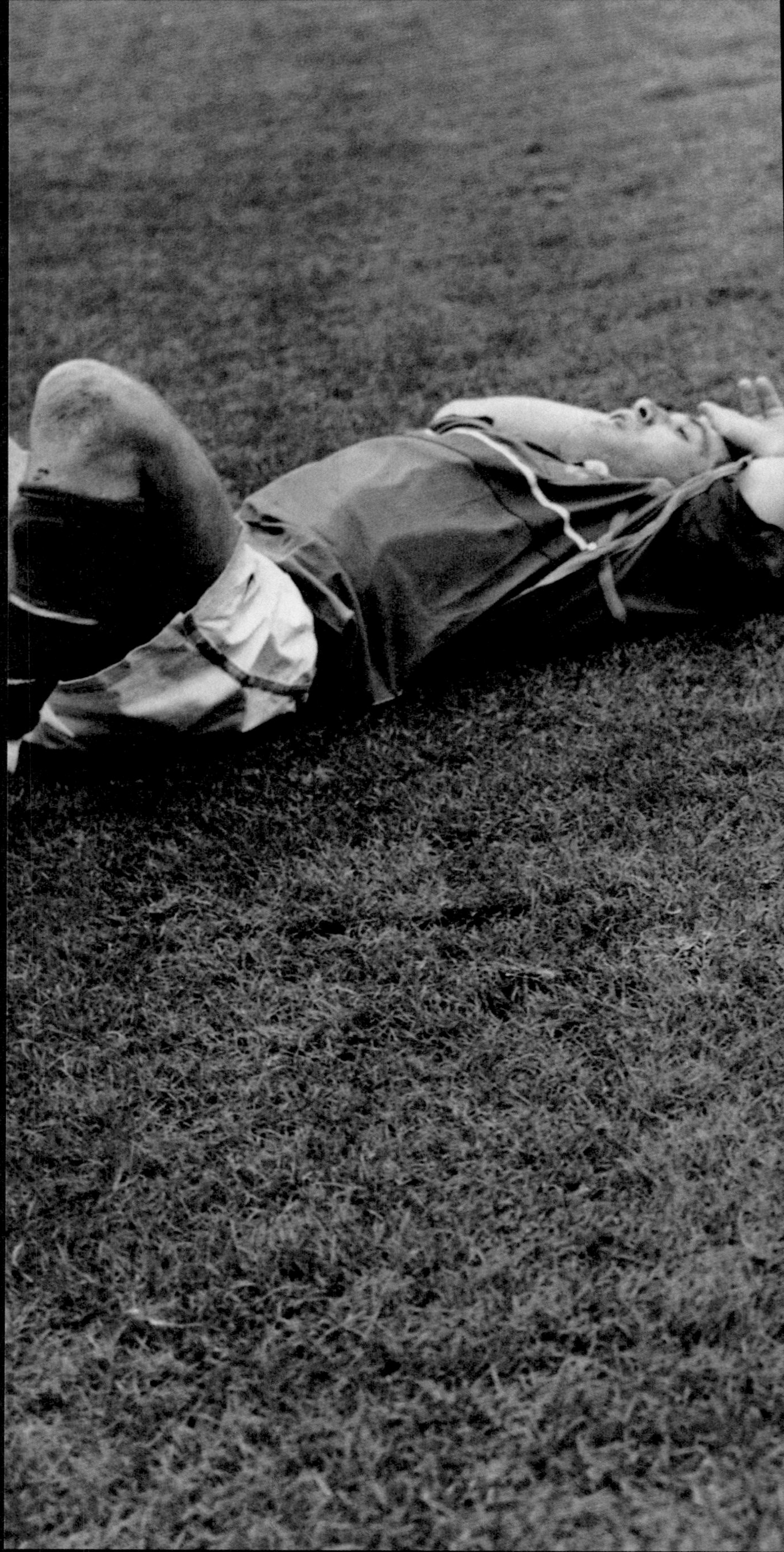

TOURNOI DES SIX NATIONS

4 FÉVRIER

Cardiff
Galles A - France A : 30-27 (17-21)
Temps froid. Bon terrain. Éclairage moyen. 8 475 spectateurs. Arbitre : M. Lombardi (Ita). Galles A : 2 E, Wyatt (10e), I. Boobyer (58e) ; 4 B (1re, 26e, 51e, 77e), 2 D (28e, 32e), 1 T, A. Thomas. France A : 2 E, Bomati (4e, 20e) ; 4 B (17e, 38e, 48e, 74e), 1 D (31e), 1 T, Merceron.
Remplacements temporaires. – Galles : Walne par Morgan (54e-56e), Budgett par G. Thomas (68e-70e).
Galles A : Cardey – G. Wyatt, N. Boobyer, L. Davies, Walne – (o) A. Thomas, (m) P. John (cap.) – I. Boobyer, H. Jenkins, Budgett puis G. Thomas (71e) – Moore, Maullin – B. Evans, puis I. Thomas (76e), McBryde, A. Lewis puis J. Davies (61e). Entraîneur : D. John.
France A : J.-F. Viars (Aurillac) – Bomati (Pau), Cech (Biarritz), Glas (Bourgoin), Sarraea (Castres) – (o) Merceron (Montferrand), (m) Élissalde (La Rochelle, cap.) – Labit (Toulouse), Lalanne (Mont-de-Marsan), Mallier (Brive), puis Troader (Agen, 79e) – Barrier (Montferrand), Olibeau (Perpignan), puis Gabin (Montferrand, 66e) – Magellan (Bourgoin), puis Colazzo (Bègles-Bordeaux, mi-temps), Rué (Agen), Tolcfua (Grenoble). Entraîneurs : Ajac et Saïsset.

18 FÉVRIER

Blagnac
France A - Angleterre A : 26-20 (16-17)
Terrain gras. Vent irrégulier. Temps pluvieux. 4 500 spectateurs. Arbitre : M. Tyndall (Irl). France A : 3 E, Bomati (33e), Auradou (39e), Costes (50e) ; 3 B (3e, 24e, 43e) ; 1 T (50e), Dubois. Angleterre A : 2 E, Botham (19e), Scrivener (28e) ; 2 B, Mapletoft (13e, 63e) ; 2 T (19e, 29e), Mapletoft. Cartons jaunes. – France : Sarraméa (59e, plaquage haut). Angleterre : Scrivener (80e, brutalité).
France A : J.-F. Viars – Bomati, Douy, Cech (Merceron, 75e), Sarramea – (o) Dubois, (m) Fillol (cap., Élissalde, 69e) – Mallier, Lalanne (Berek, 64e), Costes – Daudé, Auradou – Marconnet (Magellan, 72e), Pedrosa, Tolofua. Entraîneurs : Saïsset et Ajac.
Angleterre A : Best – Botham (Waters, 41e), Johnson, Yates, Hanley – (o) Mapletoft (cap.), (m) Wood – Gardiner (Diprose, 41e), Scrivener, Gustard – Gillies, Kay (Cornwell, 56e) – Green, Walter (Fortey, 48e), Flatman. Entraîneur : Hill.

3 MARS

Édimbourg
Écosse A - France A : 38-34 (20-20)
Temps froid. Bon terrain. Vent pour l'Écosse en première période, puis pour la France. 3 000 spectateurs environ. Arbitre : M. Williams (Gal). Écosse A : 4 E, Hogg (4e), McKenzie (27e), Officer (53e), Burns (60e) ; 3 T et 4 B (15e, 36e, 44e, 65e), McKenzie. France A : 5 E, Bernat-Salles (20e), Bomati (30e), Fillol (38e), Dubois (48e), D. Bory (79e) ; 3 T et 1 B (23e), Dubois.
Écosse A : Lee – Moir, Officer, Shiel, Longstaff – (o) McKenzie, (m) Burns – Holmes (cap.), McKinnon, Petrie (Campbell, 69e) – Lucking, White – McIlwham, G. Scott, Johnstone (Stewart, 67e). Entraîneur : Hogg.
France A : J.-F. Viars (Aurillac) puis Corrihons (Grenoble, 75e) – Bomati (Auch), Cech (Biarritz), Lafforgue (Agen), Bernat-Salles (Biarritz) puis D. Bory (Montferrand, 74e) – (o) Dubois (Dax), (m) Fillol (Toulouse, cap.) – Betsen (Biarritz), Lalanne (Mont-de-Marsan), Berek (Dax) – Auradou (Stade Français-CASG) puis Versailles (Biarritz, 63e), Couzinet (Agen) – Marconnet (Stade Français-CASG) puis Magellan (Bourgoin, 65e), Y. Pedrosa (Montferrand) puis Rué (Agen, 69e), Tolofua (Grenoble). Entraîneurs : Ajac et Saïsset.

18 MARS

Clermont-Ferrand
France A - Irlande A : 31-25 (14-7)
Temps gris. Vent soutenu en faveur de la France en 1re mi-temps. Bonne pelouse. 8 000 spectateurs environ. Arbitre : M. Rees (Angleterre). France A : 4 E, Heymans (7e), Couzinet (30e), Nadau (61e, 75e), 4 T, 1 B (70e), Aucagne. Irlande A : 3 E, Murphy (23e), D. Wallace (49e), McWhirter (68e), 2 T (23e, 49e) Elwood, 2 B (46e) Elwood, (81e) Farrell.
Remplacements temporaires. – Irlande : Murphy par Coulter (25e - 30e).
France A : Nadau (Montferrand) – Gomes (Stade Français) (Cermeno, Perpignan, 79e), Cech (Biarritz), Arlettaz (Narbonne) (Chanal, Aurillac, 79e), Heymans (Agen) – (o) Aucagne (Pau), (m) Fillol (Toulouse, cap.), (Balue, Bourgoin, 46e) – Chazalet (Bourgoin), Bertrand (Aurillac), Combes (Pau) – Daudé (Bourgoin), Couzinet (Agen) (Barrier, Montferrand, 70e) – Magellan (Bourgoin) (Galasso, Toulon, 53e), L. Pedrosa (Stade Français) (Y. Pedrosa, Montferrand, 68e), Tolofua (Grenoble). Entraîneurs : Ajac et Saïsset.
Irlande A : Crotty – Murphy, Cunningham, Keane, Howe – (o) Elwood (Farrell, 76e), (m) Tierney (O'Meara, 76e) – D. Wallace, McWhirter (Blair, 74e), Quinlan (O'Brien, 70e) – Davidson, Cullen – P. Wallace, Byrne (cap.) (Clarke, 79e), Horan (Corrigan, 70e). Entraîneur : O'Teamins.

31 MARS

Cannes - La Bocca
France A - Italie A : 29-18 (18-9)
Temps doux et gris. Pelouse en excellent état, mais humide. Bon éclairage. Arbitre : M. Williams (Gal). France A : 3 E, Lafforgue (6e, 37e), Marlu (50e) ; 3 B (18e, 32e, 73e) et 1 T (6e), Aucagne. Italie A : 6 B (10e, 12e, 27e, 55e, 67e, 79e), Pilat.
France A : Nadau (Montferrand) – Biboulet (Colomiers), Chanal (Aurillac), Lafforgue (Agen), Marlu (Montferrand) – (o) Aucagne (Pau, cap.) puis Péclier (Bourgoin, 80e), (m) Balue (Bourgoin) – Chazalet (Bourgoin), Bertrand (Aurillac), Costes (Montferrand) puis Combes (Pau) – Gaston (Narbonne) puis Mentières (Pau, 74e), Nallet (Bourgoin) – Collazo (Bègles-Bordeaux) puis Galasso (Toulon, 67e), Bruno (Pau) puis Y. Pedrosa (Montferrand, 17e), Tolofua (Grenoble). Entraîneurs : Saïsset et Ajac.
Italie A : Galon – Baroni, Ceppolino, Prineri, Pilat – (o) Mazzariol, (m) Aïo – Sgorlon (cap.), Colli (Di Cuia, 62e), Avigni (Mazzi, 62e) – Giacheri, Baratta – Muraro – (Castellani, 62e), Moretti, De Carli (Puccia-Riello, 75e). Entraîneur : Romagnoli.

ROUMANIE-FRANCE-28 MAI

Bucarest
Roumanie - France : 20-67 (8-29)
Temps chaud et lourd. Vent léger soufflant en diagonale en faveur de la Roumanie en première période. Terrain sec et dur. 4 500 spectateurs. Arbitre : M. Molinari (Argentine), assisté de MM. Chiciu et Paraschivesci (Roumanie). Roumanie : 3 E, Solomie (13e), Brezoianu (65e), Mavrodin (83e) ; 1 B, (2e) ; 1 T (65e) Vusec. France : 10 E, Nallet (7e), Dominici (11e, 52e, 55e), Ibanez (20e, 72e), Merceron (30e), Benazzi (43e), Souverbie (59e), Elissalde (62e) ; 1 B (36e), 7 T (11e, 20e, 30e, 52e, 55e, 59e, 62e) Dourthe.
Roumanie : Vioreanu – Dumitru (Ezaru 54e), Brezoianu, Gontineac, Solomie – (o) Vusec, (m) Sirbu (Dragnea, 69e) – Corodeanu (Tonita, 54e), Petrache (Balan, 60e), Manta – Draguceanu, Constantin – Dima (Vlasceanu, 69e), Mavrodin, Niculae (Dinu, 72e). Entraîneur : Phillips.
France : Souverbie – Heymans, Dourthe, Cermeno (Cistacq, 46e), Dominici (Bondouy, 56e) – (o) Merceron (Élissalde, 54e), (m) Hueber – Magne (Miorin, 56e), Lalanne (Labit, 46e), Audebert – Nallet, Benazzi-Collazo (Milloud, 46e), Ibanez, Califano (Galasso, 56e). Entraîneur : Laporte.

BOUCLIER EUROPÉEN-FINALE

Toulouse
Castres - Pau : 21-34 (6-21)
Temps doux, bonne pelouse. 7 000 spectateurs. Arbitre : M. White (Angleterre). Castres : 2 E, Artiguste (43e), Tsabadzé (56e) ; 3 B (8e, 40e, 49e), 1 T (43e), Castaignède. Pau : 3 E, Bacqué (3e, 58e), Brusque (6e) ; 5 B (1e, 22e, 44e, 66e, 69e), 2 T (3e, 58e), Aucagne.
Remplacement temporaire. – Castres : Vignaux par Astruc (33e-37e).
Cartons jaunes. – Pau : Cleda (48e), Dantiacq (83e).
Castres : Castaignède – Fabre, Artiguste, Sarramea (Larkin, 29e), Plisson – (o) Mola (cap.), (m) Albouy – Hallinger (Cloup, 70e), Labrousse, Taussac – Chinarro, Laluque (Bourdet, 46e) – Lafforgue, Vignaux (Astruc, 84e), Toussaint (Tsabadze, 39e). Entraîneurs : Gaillard et Rui.
Pau : Brusque – Bomati, Dantiacq, Traille (Sarrat, 71e), Arbo – (o) Aucagne (cap), (m) Torossian (Sudre, 57e) – Bacque, Rolles (Hill, 53e), Combes (Vignolo, 55e) – Lagouarde, Cleda – Laperne, Rey (Gouaillard, 67e), Triep-Capdeville (Bria, 70e). Entraîneurs : Brunel et Aguirre.

COUPE D'EUROPE

QUARTS-15 ET 16 AVRIL

Limerick
Munster - Stade Français : 27-10 (12-3)
Terrain sec. Temps frais et nuageux. Vent favorable au Stade Français en première période. 13 500 spectateurs environ. Arbitre : M. Lander (Ang.).
Munster : 2 E, Horgan (4e), Crotty (8e) ; 5 B, O'Gara (48e, 54e, 57e, 70e, 82e), 1 T, O'Gara (8e). Stade Français : 1 E, de pénalisation (71e), 1 B, Dominguez (36e) ; 1 T, Dominguez.
Carton jaune. – Stade Français : Mytton (48e).
Munster : Crotty – Kelly, Mullins, Keane, Horgan – (o) O'Gara, (m) Stringer – Wallace, Foley, Halvey (Quinlan, 82e) – Langford, Galwey (cap.) – Hayes (Sechan, 25e), Wood, Clohessy.
Stade Français : Stoltz – Dominici, Comba, Mytton, Lima – (o) Dominguez, (m) Laussucq – M. Lièvremont (cap.), Pool-Jones, George (Froment, 41e) – Whitley, Auradou – De Villiers, Landreau (Pedrosa, 68e), Marconnet.

Llanelli
Llanelli - Cardiff : 22-3 (10-3)
11 000 spectateurs environ. Arbitre : M. Mené (Fra). Llanelli : 1 E, Wyatt (38e) ; 5 B (4e, 45e, 47e, 49e, 53e) ; 1 T, S. Jones. Cardiff : 1 B, Jenkins (26e).
Cartons jaunes. – Llanelli : I. Boobyer (24e). Cardiff : O. Williams (24e), M. Williams (50e).
Llanelli : Cardey – Proctor (cap.), N. Boobyer, Finau, D. James – (o) S. Jones, (m) Moon – S. Easterby, S. Quinnell, I. Boobyer – Wyatt (Cooper, 76e), Gillies – Booth, McBryde (M. Thomas, 79e), Davies. Entraîneur : G. Jenkins.
Cardiff : R. Williams – Botham, Davies (Raye, 69e), Thomas, Walne – (o) Jenkins, (m) Howley – Baugh (Geraghty, 78e), O. Williams, M. Williams – Tait (S. Moore, 66e), Voyle – A. Lewis (S. John, 40e), Humphreys, Young (cap.). Entraîneur : Howells.

Toulouse
Toulouse - Montferrand : 31-18 (22-3)
Beau temps. Bonne pelouse. 38 000 spectateurs environ. Arbitre : M. Ramage (Éco). Toulouse : 1 E, Ougier (26e) ; 6 B (6e, 33e, 37e, 40e, 46e, 50e), 1 T (26e) Marfaing ; 2 D, Penaud (39e), Ougier (83e). Montferrand : 2 E, Audebert (60e), Marsh (81e) ; 1 B (10e), 1 T (60e) Merceron ; 1 D (66e) Nadau.
Remplacement temporaire. – Toulouse : Labit par Matt. Lièvremont (35e-40e).
Toulouse : Ougier – N'Tamack, Desbrosse (Lapoutge, 80e), Stensness, Marfaing – (o) Penaud (Bondouy, 57e), (m) Cazalbou (Fillol, 79e) – Labit, Dispagne, Lacroix (Matt. Lièvremont, 75e) – Belot (cap.) (Miorin, 57e), Pelous – Tournaire (Esposito, 77e), Bru, Califano (Soulette,

68e). Entraîneurs : Noves et Santamans. **Montferrand :** Nadau – Viars (Marlu, 68e), Ngauomo, Marsh, Bory – (o) Merceron (Nicol, 75e), (m) Troncon – Magne (cap.), Gabin, Costes (Audebert, 41e) – Merle (Barrier, 57e), Thion – Heyer (Burnell, 67e), Y. Pedrosa, Capdevielle (Azam, 63e). Entraîneurs : Mombet, Laparra et Marocco.

Northampton
Northampton - Wasps : 25-22 (10-11)
Temps agréable. Pelouse excellente. 10 000 spectateurs environ. Arbitre : Clayton Thomas (Gal). Northampton : 1 E, Malone (21e), 6 B (7e, 42e, 46e, 62e, 77e, 81e), 1 T, Grayson. Wasps : 2 E, Dallaglio (40e), Worsley (50e). 4 B, King (14e, 34e, 44e, 54e).
Carton jaune. – Wasps : Reed (21).
Northampton : Beal – Sleightholme, Bateman (Hepher, 18e), Allen, Cohen – (o) Grayson, (m) Malone – Pountney, Lam (cap.), McKinnon (Holmes, 62e) – Rodber, Metcalfe (Phillips, 55e) – Stewart, Mendez, Pagel. Entraîneur : Steele.
Wasps : Lewsey – Roiser, Waters, Denney, Logan – (o) King, (m) Wood – Volley, Dallaglio, Worsley – Shaw (Macer, 72e), Reed – Green, Leota, Molloy. Entraîneur : Melville.

DEMIS-6 ET 7 MAI

Bordeaux
Toulouse - Munster : 25-31 (15-11)
Temps beau et lourd. Pelouse parfaite. 28 000 spectateurs environ. Arbitre : M. Fleming (Éco) assisté de MM. Ramage et Dickson (Éco). Toulouse : 1 E, Cazalbou (83e) ; 5 B (7e, 20e, 31e, 33e, 46e), Marfaing ; 1 B (40e), Ougier ; 1 T (83e), Marfaing. Munster : 3 E, Hayes (10e), O'Gara (62e), Holland (66e) ; 4 B (3e, 38e, 44e, 55e), 2 T (62e, 66e), O'Gara.
Carton jaune. – Munster : Mullins (46e).
Toulouse : 15. Ougier – 14. N'Tamack, 13. Desbrosse (18. Bondouy, 66e), 12. Stensness, 11. Marfaing – 10. Penaud, 9. Cazalbou – 7. Labit, 8. Dispagne (20. Miorin, 72e), 6. Lacroix (19. M. Lièvremont, 63e) – 5. Belot (cap.), 4. Pelous – 3. Tournaire, 2. Bru, 1. Califano (21. Soulette, 72e). Entraîneurs : Novès et Santamans.
Munster : 15. Crotty – 14. Kelly, 13. Mullins, 12. Holland, 11. Horgan – 10. O'Gara, 9. Stringer – 7. Wallace, 8. Foley, 6. Halvey – 5. Langford, 4. Galwey (cap.) (20. O'Callaghan, 76e) – 3. Hayes (22. Horan, 73e), 2. Wood (21. Sheahan, 41e), 1. Clohessy. Entraîneur : Kidney.

Reading
Northampton - Llanelli : 31-28 (9-19)
Beau temps ensoleillé. Températures douces. Pelouse excellente. 15 118 spectateurs environ. Arbitre : A. Lewis (Irl). Northampton : 2 E, Bateman (43e), Cohen (71e) ; 7 B, Dawson (19e, 23e, 29e, 45e, 57e, 65e), Grayson (84e). Llanelli : 1 E, James (32e) ; 7 B (10e, 14e, 26e, 37e, 50e, 53e, 80e), 1 T, Jones.
Carton jaune. – Llanelli : Booth (45e).
Northampton : Beal – Moir, Bateman, Allen, Cohen – (o) Hepher (Grayson, 75e), (m) Dawson (Malone, 72e) – Pountney, Lam (cap., McKinnon, 74e), Rodber – Metcalfe, Newman (Phillips, 40e) – Stewart (Scelzo, 63e), Mendez, Pagel. Entraîneur : Steele.
Llanelli : Cardy – Proctor (cap.), James, N. Boobyer, Finau – (o) S. Jones, (m) Moon – I. Boobyer, S. Quinnell, S. Easterby – Gillies (Cooper, 72e), Wyatt – Davies, McBryde, Booth (Madden, 72e). Entraîneur : G. Jenkins.

FINALE-27 MAI

Twickenham
Northampton - Munster : 9-8 (6-8)
Temps frais avec courtes averses intermittentes. Pelouse glissante. Vent violent et tourbillonnant en faveur de Northampton en 1re mi-temps puis du Munster. 68 441 spectateurs. Arbitre : M. Dumé (France). Northampton : 3 B (2e, 37e, 48e), Grayson. Munster : 1 E (32e), Wallace ; 1 D (12e), Holland.
Carton jaune. – Munster : Halvey (obstruction volontaire, 66e).
Northampton : 15. Grayson – 14. Moir, 13. Bateman, 12. Allen, 11. Cohen – 10. A. Hepher, 9. Malone (16. Bramhall, 73e) – 7. Pountney, 8. Lam (cap.), 6. McKinnon – 5. Rodber, 4. Newman (21 Phillips) – 3. Stewart (19 Scelzo, 67e), 2. Mendez, 1. Pagel. Entraîneur : Steele.
Munster : 15. Crotty (17. Keane, 82e) – 14. Kelly, 13. Mullins, 12. Holland, 11. Horgan – 10. O'Gara, 9. Stringer – 7. Wallace, 8. Foley, 6. Halvey – 5. Langford, 4. Galwey (cap.) – 3. Hayes, 2. Wood, 1. Clohessy. Entraîneur : Kidney.

CHAMPIONNAT DE FRANCE

BARRAGES-24 et 25 juin

Limoges
Montferrand - Brive : 41-23 (10-6)
Temps frais. Terrain fatigué, rafales de vent en faveur de Brive puis de Montferrand. 6 000 spectateurs environ. Arbitre : M. Dumé (Côte d'Argent). Montferrand : 6 E, Merceron (33e, 57e), Bory (46e), Azam (68e), Nicol (78e), Marlu (83e) ; 4 T, Merceron (3), Nadau (1) ; 1 B, Merceron (4e). Brive : 2 E, Maumus (73e), Malafosse (80e) ; 2 T, Lamaison ; 2 B, Lamaison (42e, 43e) ; 1 D, Lamaison (35e).
Carton blanc. – Montferrand : Magne (71e).
Montferrand : 15. Nadau (17. Marlu, 73e) – 14. Viars, 13. Marsh, 12. Nguamo, 11. Bory – 10. Merceron (18. Nicol, 74e), 9. Troncon (cap.) (16. Lazerges, 76e) – 7. Magne, 8. Gabin, 6. Audebert – 5. Lecomte (21. Merle, 69e), 4. Barrier (19. Thion, 62e) – 3. Burnell (22. Capdeveille, 62e), 2. Azam (20. Pedrosa, 69e), 1. Menieu. Entraîneurs : Marocco et Laparra.
Brive : 15. J. Carrat (18. Arietta, 57e) – 14. Bias, 13. Matson, 12. Campan (16. Forset, 58e), 11. S. Carrat (17. Leite) – 10. Lamaison, 9. Carbonneau (cap.) – 7. Mallier, 8. Malafosse, 6. Balthazar (19. Mellicke, 58e) – 5. Manhes (20. Socol, 69e), 4. Giacherri – 3. Crespy (22. Maumus, 62e), 2. Travers (21. Charrier, 50e), 1. Bouti. Entraîneurs : Lairle, Leta et Thiot.

Narbonne
Colomiers - Bourgoin-Jallieu : 20-18 (10-13)
Soirée douce. Pelouse en parfait état. Vent tournant en faveur de Colomiers en première période. 3 000 spectateurs environ. Arbitre : M. Borréani (Côte d'Azur). Colomiers : 3 E, Sieurac (9e, 76e), Skrela (36e) ; 1 B (61e) et 1 T (76e), Skrela. Bourgoin-Jallieu : 3 E, Chazalet (6e), Tuni (39e), Mohr (44e) ; 1 B (23e), Péclier.
Remplacement temporaire. – Bourgoin : Martin-Culet par Tordo (56e-21e).
Cartons jaunes. – Colomiers : Lorenzi (5e), Moro (31e). Bourgoin : Mohr (31e).
Colomiers : 15. Sadourny (cap.) – 14. Roque, 13. Carré (17. Marticorena, 78e), 12. Sieurac, 11. Lhande – 10. Skrela, 9. Galthié – 7. Manent (19. Tabacco, 46e), 8. F. N'Tamack, 6. De Giusti – 5. Lorenzi, 4. Moro (22. Revallier, 46e) – 3. Tomuli (18. Pueyo, 77e), 2. Dal Maso (Laurent, 35e), 1. Delpuech (21. Bégarrie, 46e, puis Delpuech, 53e). Entraîneurs : Milhas et Cariat.
Bourgoin-Jallieu : 15. Davis – 14. Coux, 13. Tuni, 12. Glas, 11. Giolitti – 10. Péclier, 9. Balue – 7. Chabal, 8. Raschi, 6. Chazalet (cap.) – 5. Nallet, 4. Mohr – 3. Peyron (22. Magellan, 61e), 2. Martin-Culet, 1. Milloud. Entraîneurs : Couturas et Revol.

Pau
Dax - Biarritz : 24-37 (6-13)
Temps chaud. Pelouse parfaite. 8 000 spectateurs. Arbitre : M. Jutge (Midi-Pyrénées). Dax : 2 E, Mat Dourthe (58e), Berek (80e) ; 3 B (14e, 39e, 63e) ; 1 T (80e), R. Dourthe ; 1 D, Mignoni (68e), Biarritz : 4 E, Bernat-Salles (32e, 42e), Milhères (73e), Cech (76e) ; 3 B (3e, 30e, 66e) et 4 T, Botica.
Carton jaune. – Dax : Lasserre (65e).
Carton blanc. – Biarritz : Fitzgerald (70e).
Dax : 15. Laharrague – 14. Mat. Dourthe, 13. R. Dourthe, 12. Giordani (cap.) (16. Daret, 44e), 11. Duberger – 10. Dubois, 9. Mignoni – 7. Travini (19. Lasserre, 59e), 8. Spanghero, 6. Hairabetian – 5. Cadic, 4. Berek – 3. Banquet (22. Branco, 54e), 2. August (20. Rechou, 70e), 1. Bérilhe. Entraîneurs : Luneau et Coyola.
Biarritz : 15. Bonetti – 14. Bernat-Salles, 13. Daguerre (Cech, 41e), 12. Couttet, 11. Guéraçague (Bidabé, 68e) – 10. Botica (18. Mazas, 80e), 9. Morlaes – 7. Milheres (19. Chouchan, 78e), 8. Keith (21. Fitzgerald, 56e), 6. Betsen – 5. Roumat, 4. Nauroy (20. Lamour, 77e) – 3. Avril (22. Irazoqui, 74e), 2. Gonzalez (cap.), 1. Puleoto. Entraîneurs : Lagisquet, Rodriguez.

Béziers
Agen - Perpignan : 32-33 (8-20)
Temps chaud. Bonne pelouse. 10 000 spectateurs environ. Arbitre : M. Thomas (Drôme-Ardèche). Agen : 4 E, Lafforgue (6e), Deylaud (46e), Elhorga (53e, 76e) ; 2 B (1re, 61e) ; 3 T, Prosper. Perpignan : 3 E, Cermeno (26e, 44e), Plana (65e) ; 4 B (21e, 44e, 57e, 87e) ; 3 T, Bellot. Remplacement temporaire. – Perpignan : Ibanez par Konieck (77e).
Cartons jaunes. – Perpignan : Konieck (14e). Agen : Moulinec (56e).
Agen : 15. Prosper – 14. Elhorga, 13. Moulinec (17. Bouic, 67e), 12. Lafforgue, 11. Heymans – 10. Deylaud (18. Gelez, 85e), 9. Barrau – 7. Benazzi, 8. Benetton (cap.), (19. Cosse, 70e), 6. Sonnes – 5. Couzinet (22. Porcu, 56e), 4. Fromont – 3. Lecouls (22. Boué, 72e), 2. Rue (20. Piacentini, 78e), 1. Hasan. Entraîneurs : Lanta, Raynal et Cazaubon.
Perpignan : 15. Benazech (18. Sabardeil, 66e) – 14. Tutard, 13. Plana (17. Whitford, 77e), 12. Cermeno, 11. Sid – 10. Bellot, 9. Basset – 7. Goutta (19. Furet, 57e), 8. J. Pradal, 6. Derœux (cap.) – 5. James, 4. Els – 3. De Besombes, 2. Konieck (21. Ibanez, 45e), 1. Peillard (22. Meya, 57e). Entraîneurs : Boher et Camberabero.

QUARTS DE FINALE-1 JUILLET

Bègles
Pau - Montferrand : 28-27 (20-18)
Beau temps chaud. Terrain dur. 4 500 spectateurs environ. Arbitre : M. Gillet (Périgord agenais). Pau : 3 E, Arbo (4e), Traille (13e), Brusque (53e), 2 T (4e, 13e), 3 B, (23e, 43e de la 1re période, 71e), Aucagne. Monferrand : 2 E, Magne (33e), Azam (37e) ; 1 T (37e), 5 B (10e, 14e, 56e, 60e, 75e), Merceron.
Carton blanc. – Pau : Bacqué (75e).
Pau : 15. Brusque – 14. Bomati, 13. Traille, 12. Paille, 11. Arbo – 10. Aucagne (cap), 9. Torossian (16. Sudre, 27e) – 7. Agueb, 8. Rolles (19. Vignolo, 60e), 6. Combes (18. Bacqué, 60e) – 5. Hill (20. Lagouarde, 38e), 4. Cleda – 3. Laperne, 2. Bruno (21. Rey, 43e), 1. Triep-Capdeville (22. Bria, 66e).
Entraîneurs : Brunel et Aguirre.
Montferrand : 15. Nadau (14. Viars, 57e) – 14. Viars (17. Marlu, 57e), 13. Ngauamo, 12. Marsh, 11. Bory – 10. Merceron, 9. Larue – 7. Magne (cap), Gabin (4. Lecomte, 45e, puis Bonvoisin, 73e), 6. Audebert – 5 Merle (4. Lecomte, 73e), 4. Lecomte (21. Thion, 45e) – 3. Burnell (22. Heyer, 70e), 2. Azam (20. Y. Pedrosa, 66e), 1. Menieu.
Entraîneurs : Mombet, Laparra, Marocco.
Évolution du score : 7-0 (Pau), 7-3, 14-3, 14-6, 17-6, 17-11, 17-18, 20-18 (mi-temps), 25-18, 25-21, 25-24, 28-24, 28-27.

Toulouse
Castres - Colomiers 15-29 (12-9)
Temps estival. Bonne pelouse. 10 000 spectateurs environ. Arbitre : M. Gastou (Languedoc). Castres : 5 B (4e, 6e, 14e, 38e, 73e) Castaignède. Colomiers : 2 E, Sieurac (70e), Roques (78e) ; 5 B (16e, 27e, 30e, 44e, 48e), Skrela ; 2 T, Marticorena (70e, 78e).
Remplacements temporaires. – Colomiers : Sieurac par Marticorena (26e-29e) ; Castres : Hallinger par Labrousse (73e-76e).
Carton rouge. – Castres : Reggiardo (85e, insultes à arbitre).
Carton jaune. – Colomiers : Revallier (11e, coup de poing).
Castres : 15. Aué – 14. Plisson, 12. Artiguste, 13. Sarramea, 11. Garrigues – 10. Castaignède, 9. Albouy (16. Seguier, 71e) – 7. Lassissi, 8. Labrousse (18. Hallinger, 63e), 6. Diaz – 5. Davidson, 4. Bourdet (cap.) (19. Laluque, 60e) – 3. Tsabadze (22. Lafforgue, 60e), 2. Vi-

gneaux (20. Batut, 60e), 1. Toussaint (21. Reggiardo, 71e). Entraîneurs : Gaillard et Rui.
Colomiers : 15. Sadourny (cap.) – 14. Roque, 13. Carré, 12. Sieurac, 11. Lhande – 10. Skrela (17. Marticorena, 64e), 9. Galthié (16. Culinat, 76e) – 7. Tabacco (19. Magendie, 67e), 8. N'Tamack (18. Peysson, 72e), 6. De Giusti – 5. Lorenzi (20. Manent, 60e), 4. Revallier – 3. Tomuli (22. Graou, 67e), 2. Laurent, 1. Delpuech (21. Saliba, 72e).
Entraîneurs : Milhas et Cariat.
Évolution du score : 3-0 (Castres), 6-0, 9-0, 9-3, 9-6, 9-9, 12-9 (mi-temps), 12-12, 12-15, 12-22, 15-22, 15-29.

2 JUILLET

Tarbes
Toulouse - Biarritz : 28-18 (15-9, 18-18)
Temps lourd. Bonne pelouse. 9 000 spectateurs environ. Arbitre : M. Didier Mené (Provence). Toulouse 1 E, Labit (95) ; 4 B (16e, 25e, 33e, 44e de la 1re mi-temps), 1 T (95e) Marfaing ; 3 D, Penaud (39e), Marfaing (43e), Delaigue (104e). Biarritz : 6 B (2e, 8e, 22e), Botica (51e, 59e, 84e du temps réglementaire), Mazas.
Remplacements temporaires. – Toulouse : Bru par Tournaire (48e-62e).
Cartons blancs. –Toulouse : Penaud (55e). Biarritz : Matiu (62e).
Toulouse : 15. Ougier – 14. N'Tamack – 13. Desbrosse (Garbajosa, 75e), 12. Stensness, 11. Mardaing – 10. Penaud (17. Delaigue, 65e), Cazalbou (16. Fillol, 106e) (m) – 7. Labit, 8. Pelous (2. Bouilhou, 80e), 6. Lacroix (19. Mat. Lièvremont, 60e) – 5. Belot (cap), 4. Miorin – 3. Tournaire (21. Soulette, 41e), 2. Bru, 1. Califano (22. Esposito, 92e). Entraîneurs : Noves et Santamans.
Biarritz : 15. Bonetti – 14. Bernat-Salles, 13. Daguerre (17. Cech, 44e), 12. Couttet, 11. Bidabe (16. Gueraçague, 83e) – 10. Botica (18. Mazas, 37e), 9. Morlaes – 7. milheres, 8. Keith (20. Matiu, 41e), 6. Betsen – 5. Roumat, 4. Nauroy (19. Chouchan) – 3. Avril (21. Irazoqui, 81e), 2. Gonzalez (cap), 1. Puleoto (22. Fitzgerald, 81e, puis 1. Puleoto, 100e).
Entraîneurs : Rodriguez et Lagisquet.
Évolution du score : 0-3 (Biarritz), 0-6, 3-6, 3-9, 6-9, 9-9, 12-9, 15-9 (mi-temps), 18-9, 18-12, 18-15, 18-18 ; puis 25-18, 28-18.

Colomiers
Stade Français – Perpignan : 25-15 (13-3)
Beau temps. Vent en faveur de Perpignan en première période, puis du Stade Français. Pelouse en bon état. 11 000 spectateurs environ. Arbitre : M. Duhaut (Côte Basque). Stade Français : 1 E, Stoltz (14e), 5 B (37e, 52e, 56e, 62e, 67e) ; 1 D (18e) et 1 T, Dominguez. Perpignan : 2 E, Peillard (45), Furet (69e), 1 B (3e) et 1 T (70e), Bellot.
Remplacements temporaires. – Perpignan : Konieck par Ibanez (21e-29e) ; Goutta par Ibanez (42e-44e de la 1re mi-temps).
Carton jaune. – Perpignan : Konieck (34e).
Stade Français : 15. Stoltz – 14. Dominici, 13. Comba, 12. Mytton, 11. Raffault – 10. Dominguez, 9. Laussucq (16. Glavany, 88e) – 7. Georges, 8. Juillet (cap), 6. Moni (19. Rabadan, 65e) – 5. Chaffardon (18. Froment, 75e), 4. Auradou – 3. De Villiers, 2. Pedrosa (21. Landreau, 50e), 1. Marconnet (22. Wring, 81e). Entraîneurs : Landreau, Dominguez, Élias et Bachoffer.
Perpignan : 15. Benazech (17. T. Wilhford, 17e) – 14. Tutard, 13. Plana, 12. Cermeno (18. Sabardeil, 60e), 11. Sid – 10. Bellot, 9. Basset (16. Tilloles, 46e) – 7. Goutta (19. Furet, 54e), 8. Lievremont (cap) (20. Pradal, 54e, puis 7. Goutta 82e), 6. Derœux – 5. James, 4. Els – 3. De Besombes, 2. Konieck (21. Ibanez, mi-temps), 1. Peillard (22. Meya, 54e).
Entraîneurs : Boher et Camberabero.
Évolution du score : 3-0 (Perpignan), 3-7, 3-10, 3-13 (mi-temps), 8-13, 8-16, 8-19, 8-22, 8-25, 15-25.

DEMI-FINALES-8 JUILLET

Béziers
Toulouse - Stade Français : 13-30 (7-3)
Beau temps. Bonne pelouse. Vent tourbillonnant. Éclairage moyen. 12 000 spectateurs. Arbitre : M. Thomas (Drôme-Ardèche). Toulouse : 1 E, N'Tamack (13e), 2 B (51e, 57e), 1 T (13e), Marfaing. Stade Français : 3 E, Marconnet (65e), Dominici (78e), Comba (83e), 3 B (5e, 60e, 81e), 3 T (65e, 78e, 83e), Dominguez.
Remplacements temporaires. – Toulouse : 6. Lacroix par 1. Soulette (40e-46e), 21. Soulette par 22. Esposito (46e-50e).
Stade Français : 8. Juillet par 22. Wring (40e-50e), 5. Chaffardon par 19. George (57e-65e).
Cartons blancs. – Toulouse : Tournaire (40e). Stade Français : Marconnet (40e).
Carton jaune. – Toulouse : Labit (59e).

Toulouse : 15. Ougier – 14. N'Tamack, 13. Desbrosse (18. Garbajosa, 70e), 12. Stensness, 11. Marfaing – 10. Penaud, 9. Cazalbou – 7. Labit, 8. Pelous, 6. Lacroix (19. Lièvremont, 70e) – 5. Belot (cap.), 4. Miorin – 3. Tournaire (22. Esposito, 76e), 2. Bru, 1. Califano. Entraîneurs : Noves et Santamans.
Stade Français : 15. Stoltz – 14. Dominici (17. Jonnet, 81e), 13. Comba, 12. Mytton, 11. Raffault – 10. Dominguez, 9. Laussucq – 7. Pool Jones, 8. Juillet (cap.), 6. Moni (19. George, 73e) – 5. Chaffardon (18. Rabadan, 78e), 4. Auradou – 3. De Villiers, 2. Pedrosa (21. Landreau, 41e), 1. Marconnet.
Entraîneurs : Élias et Bachofer.
Évolution du score : 0-3 (Stade Français), 7-3 (mi-temps), 10-3, 13-3, 13-6, 13-13, 13-20, 13-23, 13-30.

Agen
Pau-Colomiers : 22-24 (5-8, 11-11)
Temps frais. Rafales de vent en faveur de Colomiers puis de Pau. Bon terrain. 7 000 spectateurs environ. Arbitre : M. Borréani (Côte d'Azur). Pau : 2 E, Agueb (8e), Bomati (82e) ; 3 B (48e, 61e, 94e) et 1 D (106e), Aucagne.
Colomiers : 2 E, Lhande (12e), Culinat (89e) ; 3 B (23e, 86e du temps réglementaire, 114e), 1 D (102e) et 1 T (89e), Skrela.
Remplacements temporaires. – Pau : Bruno par Rey (15e-16e). Colomiers : Dal Maso par Laurent (80e-85e).
Cartons blancs. – Pau : Agueb (66e). Colomiers : Peysson (94e).

Pau : 15. Brusque – 14. Bomati, 13. Traille, 12. Paille, 11. Martin – 10. Aucagne (cap.), 9. Torossian (16 Sudre, 61e) – 7. Agueb (19. Vignolo, 76e), 8. Rolles, 6. Combes (18. Bacqué, 61e) – 5. Lagouarde (20. Hill, 61e), 4. Cleda – 3. Laperne, 2. Bruno (21 Rey, 61e), 1. Triep-Capdeville (22. Bria, 81e).
Entraîneurs : Brunel et Aguirre.
Colomiers : 15. Sadourny (cap., 17. Marticorena, 61e) – 14. Roque, 13. Carré, 12. Sieurac, 11. Lhande (16. Pedoussault, 74e), 10. Skrela, 9. Culinat – 7. Tabacco (20. Manent, 67e), 8. N'Tamack (18. Peysson, 69e), 6. De Giusti – 5. Lorenzi, 4. Revallier (19. Magendie, 54e) – 3. Tomuli (22. Graou, 41e, 3. Tomuli, 76e), 2. Laurent (21. Dal Maso, 41e), Delpuech.
Entraîneurs : Cariat et Milhas.
Évolution du score : 5-0 (Pau), 5-5, 5-8 (mi-temps), 8-8, 11-8, 11-11 (fin du temps réglementaire), 16-11, 16-18, 19-18, 19-21, 22-21, 22-24.

FINALE-15 JUILLET

Stade de France
Stade de France - Colomiers : 28-23 (14-13)
Temps doux. Bonne pelouse. Bon éclairage. 50 000 spectateurs environ. Arbitre : M. Mené (Provence). Stade Français : 3 E, Dominguez (42e de la 1re mi-temps), Laussucq (43e), Comba (60e) ; 3 B (8e, 15e, 39e), 2 T (43e, 60e), Dominguez. Colomiers : 2 E, N'Tamack (34e), Culinat (80e) ; 3 B (17e, 19e, 48e), 2 T (34e, 80e), Skrela.
Remplacements temporaires. – Colomiers : 6. De Giusti par 19. Magendie (29e-35e).
Carton blanc. – Stade Français : Comba (77e).

Stade Français : 15. Stoltz – 14. Dominici, 13. Comba, 12. Mytton, 11. Raffault – 10. Dominguez, 9. Laussucq – 7. Pooljones, 8. Juillet (cap.), 6. Moni (20. George, 63e) – 5. Chaffardon (19. Rabadan, 78e), 4. Auradou – 3. Devilliers, 2. Pedrosa (21. Landreau, 52e), 1. Marconnet.
Entraîneurs : Landreau, Dominguez, Élias et Bachoffer.
Remplaçants non utilisés : 16. Foissac, 17. Gomes, 18. Jonnet, 22. Wring.
Colomiers : 15. Sadourny (cap.) – 14. Roque, 13. Carré, 12. Sieurac (17. Marticorena, 53e), 11. Lhande – 10. Skrela, 9. Culinat – 7. Tabacco, 8. N'Tamack, 6. De Giusti (19. Magendie, 38e) – 5. Lorenzi (18. Peysson, 63e), 4. Revallier (20. Manent, 50e) – 3. Tomuli (22. Graou, 41e ; puis 3. Tolumi, 80e), 2. Laurent (21. Dal Maso, 50e), 1. Delpuech.
Entraîneurs : Cariat et Milhas.
Remplaçant non utilisé : 16. Pedoussault.

COUPE DE FRANCE

DEMI-FINALES

Brive - Stade Français : 28-23 ; Biarritz - La Rochelle : 14-12

FINALE-1ER JUIN

Brive - Biarritz : 13-24 (6-3)
Temps chaud. Terrain en bon état, vent en faveur de Brive puis de Biarritz. 20 000 spectateurs environ. Arbitre : M. Boreani (Côte d'Azur). Brive : 1 E, Bouti (55e), 1 T, Forest, 1 B (10e) et 1 D (22e), Lamaison. Biarritz : 2 E, Bernat-Salles (46e), Couttet (74e), 1 T, 2 B (51e, 67e), 2 D (41e, 1re mi-temps, 59e), Botica.
Brive : 15. J. Carrat (Campan, 20e) – 14. Bias (J. Carrat, 20e, Forest, 29e), 13. Matson, 12. Venditti, 11. S. Carrat – 10. Lamaison (Townsend, 47e), 9. Carbonneau (cap) – 7. Malafosse (Balthazar, 70e), 8. Gouloumet, 6. Mallier – 5. Manhès, 4. Alégret (Giacheri, 52e) – 3. Crespy (Bouti, 41e), 2. Brotherstone (Travers, 68e), 1. Smith. Entraîneurs : Laïrle et Leta.
Biarritz : 15. Osborne – 14. Bernat-Salles, 13. Daguerre (Mazas, 77e), 12. Bonetti (Couttet, 17e), 11. Bidabé – 10. Botica, 9. Morlaes – 7. Milhères, 8. Nauroy, 6. Betsen – 5. Roumat (Versailles, 41e), 4. Matiu (Sallabery, 75e) – 3. Avril, 2. Gonzales (cap), 1. Puleoto. Entraîneurs : Rodriguez et Lagisquet.

LA SAISON 2000-2001

COUPE D'EUROPE

Poule 1 : Northampton (ANG), Edimbourg Reivers (ÉCO), Leinster (IRL), Biarritz (FRA).
Poule 2 : Stade Français (FRA), l'Aquila (ITA), Swansea (GAL), Wasps (ANG).
Poule 3 : Cardiff (GAL), Ulster (IRL), Toulouse (FRA), Saracens (ANG).
Poule 4 : Munster (IRL), Newport (GAL), Bath (ANG), Castres (FRA).
Poule 5 : Roma (ITA), Colomiers, Gloucester (ANG), Llanelli (GAL).
Poule 6 : Glasgow Caledonians (ÉCO), Leicester (ANG), Pau, Pontypridd (GAL).
Phase finale. Les premiers de chaque poule ainsi que les deux meilleurs deuxièmes seront qualifiés pour les quarts de finale prévus les 26, 27 et 28 janvier. Demi-finales les 20, 21 et 22 avril. Finale les 19 et 20 mai.

CHAMPIONNAT DE FRANCE

(Début 25 novembre)
Poule 1 (dix clubs) : Stade Français, Pau, Castres, Perpignan, Agen, Bour-

goin, Bègles, Mont-de-Marsan, Périgueux, Béziers.
Poule 2 (onze clubs) : Colomiers, Toulouse, Montferrand, Biarritz, Dax, Brive, La Rochelle, Narbonne, Auch, Grenoble, Aurillac.
Phase finale. Quarts de finale prévus les 26 et 27 mai. Demi-finales le 2 juin. Finale le 9 juin.

TOURNOI DES SIX NATIONS

3 ou 4 février : France - Écosse
17 février : Irlande - France
3 mars : Italie - France
24 mars : France - Galles
7 avril : Angleterre - France

MATCHES DE L'ÉQUIPE DE FRANCE

1er novembre : France - Japon
4 novembre : France - Australie
11 novembre : 1er test France - Nouvelle-Zélande
18 novembre : 2e test France - Nouvelle-Zélande

TOURNÉE

3 juin : L'équipe de France doit partir en Afrique du Sud dès le week-end du 3 juin, où les finalistes du Championnat la rejoindront à partir du 10.
Au retour de cette tournée qui compte 3 tests (2 en Afrique du Sud, 1 en Nouvelle-Zélande), les internationaux seront au repos.

LE PALMARÈS

PREMIÈRE DIVISION
Stade Français - CASG
NATIONALE 3
Rivesaltes
ÉLITE B1
Agen
ÉLITE B2
Bayonne
NATIONALE B
Peyrehorade
HONNEUR
Riberac

PROMOTION D'HONNEUR
Montréal
PREMIÈRE SÉRIE
Prats-de-mollo-la-Preste
DEUXIÈME SÉRIE
Ibos
TROISIÈME SÉRIE
Paysac-Savignac
QUATRIÈME SÉRIE
Torreilles
COUPE DE FRANCE
Biarritz Olympique

CRÉDITS PHOTOGRAPHIQUES

Toutes les photos de cet ouvrage sont de :
Corbis/TempSport (pp. 4-5, 8-9, 10-11, 13, 14-15, 18-19, 22-23, 26-27, 30-31, 34-35, 38-39, 42-43, 54-55, 73, 74-75, 80, 85, 86-87, 89, 90-91, 94-95, 96-97, 98-99, 101, 110-111, 112-113, 138-139, 144-145, 152-153, 154-155, 158-159, 168-169, 170-171, 190-191)
DPPI (2-3, 6-7, 50-51, 58-59, 70-71, 78-79, 82-83, 114-115, 117, 118-119, 121, 122-123, 125, 126-127, 128, 130-131, 133, 134-135, 137, 142-143, 148-149, 150-151, 156-157, 162-163, 164-165, 166-167, 173)
ASP (16, 20, 24, 28, 33, 36, 41, 45, 46-47, 49, 53, 56, 61, 62-63, 64, 66-67, 69, 92)
Michel Birot/le Monde du Sport (174-175, 176-177, 178-179, 180-181, 182-183, 186-187)
AFP (106-107, 140-141, 146-147)
Presse Sports (102-103, 104, 109)
Empics/Sipa (76).

Maquette : Andréa Le Naour
Coordination : Édith Walter
ISBN 2-7021-3136-0

N° éditeur : 13024/01
Dépôt légal : septembre 2000
Imprimé en Espagne

KooGa